타자기 박물지

: 타자기에 얽힌 잡다한 발달사

홍 성 철 지음

에듀컨텐츠·휴피아
ECH Educontents·Huepia

※ 본 저술은 방일영 문화재단의 저술 기금 지원을 받아 수행되었습니다. ※

목 차

저 자 소 개

저자: 홍 성 철

저자는 성균관대학교 신문방송학과를 졸업하고 ≪문화일보≫에서 10년간 기자 생활을 하면서 경제부, 국제부, 사회부, 산업부 등을 거쳤다. 이후 미국 인디애나대학교에서 석·박사 학위를 받았다. 박사 과정에서는 정치 커뮤니케이션과 저널리즘을 주전공으로, 언론법을 부전공으로 공부했다.

저서로는 『유곽의 역사』(2007), 『포르노그래피』(2015), 『새로운 방송학 개론(공저)』(2020), 『미디어경영론 5.0 (공저)』(2021) 등이 있다.

현재 경기대학교 미디어영상학과 교수로 한국소통학회장(2023), 한국미디어경영학회장(2025)을 역임했다.

타자기 박물지

: 타자기에 얽힌 잡다한 발달사

에듀컨텐츠·휴피아
ECH Educontents·Huepia

00.

들어가는 말

1923년 9월 12일 GE 이사회 의장이던 오웬 영(Owen D. Young)은 레밍턴 타자기 50주년 기념사에서 "커뮤니케이션의 시대(The Age of Communications)"라는 화두를 꺼냈다. 당시는 TV나 인터넷이 아직 존재하지 않았고, 라디오 방송이 막 태동하던 시기였다. 그럼에도 오웬 영이 '커뮤니케이션의 시대'를 말한 이유는 바로 타자기 때문이었다. 그가 언급한 커뮤니케이션의 변화는, 타자기를 이용한 기계화된 글쓰기가 가져올 신세계를 말했다.

그로부터 103년이 지난 지금, 우리는 더 이상 미디어를 통해 세상을 바라보는 것이 아니라, 미디어 속에서 미디어끼리 소통하는 시대를 살고 있다. 인터넷과 모바일의 등장으로 '나'와 '밖'을 연결하는 커뮤니케이션이 언제, 어디서나 가능해졌다. 거의 24시간 우리는 커뮤니케이션 미디어를 통해서 연결된 시대에 살고 있다. 다시 시간은 인공지능(AI) 시대라는 새로운 문을 열고 있다.

서구문명사에서 1440년 구텐베르크의 금속활자 발명은 특별하다. 정보의 확산 측면에서 커뮤니케이션의 범위를 확대했기 때문이다. 편지와 같은 개인과 개인의 커뮤니케이션을 1명의 저자와 다수의 독자로 바꾼 것이다. 이른바 매스커뮤니케이션의 시대를 열었다. 타자기는 이러한 매스 커뮤니케이션에서 대인 커뮤니케이션으로 회귀 도구였다.

지금으로부터 311년 전인 1714년, 영국 특허청에 기계적 글쓰기를 구현하는 '타자기'가 처음 특허로 제출되면서 수많은 발명가와 사업가들이 새롭게 열리는 타자기 산업에 뛰어들었다. 오늘날 우리에게도 익숙한 레밍턴(Remington) 타자기의 전신인 숄스(Sholes)의 타자기는 1860년대 말에 만들어졌다. 그 후 약 50년 동안 수많은 회사가 치열한 경쟁을 벌이며 부침을 겪었고, 이 과정에서 현재와 같은 표준화된 타자기 모델이 탄생했다.

현대의 타자기가 완성되기 이전의 많은 초기 타자기들은 타입바(type-bar)가 아니라 타입휠(type-wheel) 방식을 사용했다. 모야(Moya) 타자기, 해몬드(Hammond) 타자기, 브리켄스더퍼(Blickensderfer) 타자기 등이 모두 그 사례다. 타자기의 이름은 발명가의 이름이다. 이 시기 새로운 방식의 타자기 발명은 이름을 남기는 작업이었다.

마샬 매클루언(Marshall McLuhan)은 1964년 『미디어의 이해(Understanding Media)』에서 타자기를 '철의 변덕(The Iron Whim)'이라 표현했다. Whim은 흔히 '변덕'으로 번역되지만, 기술 용어로는 회전을 만들어내는 수직 원통형 구조, 즉 캡스턴(Capstan)을 뜻한다. 매클루언은 타자기가 철제 타입 휠로 구성된 기계라는 점을 지칭하며 이 용어를 사용했다고 한다. '여성의 변덕'이라는 고정관념적 표현은 미국 시인 올리버 허포드(Oliver Herford)의 문장에서 자주 등장한다. 예컨대 "나의 아내는 철의 변덕을 가졌다(My wife has a whim of iron)", "원고는 서둘러 제출되지만 천천히 되돌려준다(Manuscript: something submitted in haste and returned at leisure)", "여자의 마음은 남자보다 깨끗하다. 단지 더 자주 바뀔 뿐이다(A woman's mind is cleaner than a man's-she changes it oftener)" 같은 문장들이다.

워슐러 헨리(Wershler-Henry)는 2007년 자신의 책 제목을 '철의 변덕'이라 붙였는데, 이는 매클루언에 대한 일종의 오마주였다. 영어 'typewriter'는 타자기뿐 아니라 타자를 치는 사람, 즉 타자수를 의미하기도 한다. 1930년대 이후 타자수의 다수가 여성이 되면서 typewriter·typist라는 단어는 자연스럽게 여성 노동과 연결되는 젠더적 의미를 띠게 되었다. 이런 맥락에서 매클루언의 '철의 변덕'은 기계적 의미와 젠더적 의미가 중첩된 표현으로도 해석된다.

타자수 역시 '단호한 변덕쟁이'라 불리곤 했다. 여성 타자수는 변덕스럽다는 편견이 존재했지만, 한 번 마음을 정하면 분명하고 정확하게 일한다는 역설적 의미도 담겨 있었다. 이는 타자기 글씨의 특징-치기 전에는 망설이더라도, 일단 찍혀 나오면 명확하고 확정적이라는 속성-과도 닮아 있다. 어떤 이들은 타자를 치는 사람을 typewriter로 쓰고, 기계는 Type-Writer로 구분해 표기해야 한다고 주장하기도 했다.

니체는 타자기를 사용해 글을 쓸 때 "타자기와 작가가 하나가 된다"고 말했다. 타자기는 단순한 도구를 넘어 타자를 치는 사람과 동일체가 되는 매체라는 것이다. 그러니 typewriter라는 단어를 사람과 기계로 구분할 필요조차 없을지도 모른다. 타자기의 확산은 단순한 글쓰기 방식의 변화로 그치지 않았다.

20세기 초 사회적으로 타자기는 중산층 여성의 사회진출을 본격적으로 열어준 매체였다. 변호사·의사·교사 등 상류층 직업과 식당 종업원·보모 등 하층민 직업으로 양극화되던 여성 노동시장에 타이피스트(typist)라는 새로운 직업군이 등장한 것이다. 타자기는 여성의 경제활동 참여를 확대해 오늘날 말하는 '유리천장'을 깨는 데 중요한 역할을 했다.

미국과 유럽에서 기계화된 글쓰기가 전성기를 맞던 시기, 한반도는 불행하게도 그 변화에서 소외됐다. 식민 지배라는 조건도 있었지만, 무엇보다 한자 문화권의 수천 자에 이르는 문자 체계가 기계화된 타이핑과 맞지 않았기 때문이다. 그러나 1949년 공병우 타자기의 발명 이후, 한국에도 타자기 문화가 본격적으로 도입되었다. 국내 타자기는 1990년대까지 약 40년간 제작·보급되며 여성 사무직 고용 확대와 더불어 한글전용·가로쓰기 보급에도 중요한 기여를 했다.

타자기는 인류의 지식 축적 속도를 크게 바꾸어 놓았다. 초기에는 시각장애인의 표현 도구로 시작했으나, 점차 표준화된 글쓰기 기술로 손글씨를 대체했고, 인덱스 타자기, 키보드 타자기, 보이는 타자기, 전기 타자기, TV 타자기를 거쳐 오늘날 워드프로세서와 컴퓨터 글쓰기까지 이어졌다. 현 정보·미디어 산업의 기반이 되는 기술임에도 국내에는 타자기에 대한 본격적인 개론서가 거의 없는 것이 현실이다.

일반인은 물론이고 지식인들조차 타자기 대량생산 이전의 모습에 대한 기억이 없다. 1870년대부터 제작된 수많은 인덱스(index) 타자기, 아래에서 위로 글자를 새기는 업라이트(up-right) 방식의 타자기에 대한 소개도 부족하다.

"어떻게 글자를 표시할 것인가?", "타자를 치면서 내가 쓴 글을 어떻게 확인할 것인가?", "어떻게 하면 더 값싼 타자기를 만들어 보급할 수 있을까?", "사무실이 아니라 이동하면서 글을 쓸 방법은 없을까?" 이런 본질적 고민들이 생략된 채, 서구에서 이미 상업적으로 성공한 모델만이 그대로 수입·개조된 결과이기도 하다.

현대인에게 타자기는 이미 과거의 유물이다. 오늘날 타자기를 실제로 사용하는 사람은 거의 없다. 해외 토픽에서는 전기가 공급되지 않는 아프리카나 인도 산악지대에서 사용된다는 소식이 간혹 들릴 뿐이다. 그럼에도 청계천 풍물시장이나 네이버 중고나라에서는 타자기가 장식용·레트로 소품으로 꾸준히 팔리고 있다.

『타자기 박물지』는 1714년 타자기의 특허 이후 타자기가 어떤 변모를 거쳐 만들어졌는지, 어떻게 유통되었는지, 그리고 타자기가 인류 사회에 어떤 영향을 미쳤는지를 소개하고자 한다. 타자기의 역사를 기록하는 일은 단순히 지식을 전달하기 위한 것이 아니라, 창의력은 언제나 근원적 문제의식에서 출발한다는 점을 제시하는 과정이다.

이 책에는 미국과 유럽의 타자기 역사뿐 아니라 한국·일본·중국의 고민도 함께 담았다. 공병우로 상징되는 한국 타자기 역사 속에서 이원익과 송기주의 타자기가 지닌 역사성과 확장성도 다루었다. 국민소득 4만 달러 시대에 단순한 팔로워(follower)가 아니라 새로운 기술을 창출하는 퍼스트 무버(first mover)가 되기 위해서는, 무엇보다 원형(prototype)에 대한 깊은 이해와 고민이 필요하기 때문이다. 이는 바로 인간의 니즈에 대한 본질적 갈망에 대한 이해이다. 이 책이 그런 상상력을 불러일으키는 계기가 되길 바란다.

개인적으로 타자기에 대한 책을 저술하기로 결심한 지 벌써 10년이 넘었다. 게으른 변명이다. 미국에서 인덱스 타자기를 처음 본 순간부터 신기함과 호기심에 이끌려 메모를 하였다. 그리고 생각을 방치하고 저술하고, 방치하기를 반복했다. 감사하게도 방일영 저술 기금의 지원을 받아 타자기에 관련된 생각을 정리하기로 약속했다. 그러는 사이, 설익은 시간강사가 조교수와 부교수를 거쳐 정교수가 되었다. 이런저런 잡다한 이유와 생각으로 유예를 거듭하다 보니, 새로움으로 나아가지 못하고 있음을 절감하였다. 그렇기에 부족함에도 서둘러 책의 저술을 마무리하는 이유이다.

01.

헨리 밀의 특허장

1714년, 영국 특허청에 하나의 획기적인 문서가 제출되었다. 이 특허문서는 “낱개의 글자, 혹은 한 자 한 자를 연속적으로 찍어내거나 써 내려가는 인위적 도구 또는 방법을 통해, 모든 글씨가 종이 위에 산뜻하고 정확하게 기록되며, 그 결과 기존의 인쇄 활자와 거의 구별되지 않게 될 것” 이라는 내용을 담고 있었다. 이 특허신청서를 바탕으로 실제 타자기가 제작되었다는 기록은 남아 있지 않다. 그럼에도 이 문서는 인간의 손글씨, 즉 펜에 의존하던 글쓰기 행위를 기계의 영역으로 옮기려는 최초의 공식적 시도였다는 점에서 중요한 의미를 갖는다. 다시 말해 이는 펜글씨로부터 인간을 해방시키고자 한, ‘기계화된 글쓰기’ 라는 개념이 문서의 형태로 처음 등장한 순간이었다.

300년 전 계획

14세기 중세 유럽에서 책의 제작은 필경사(scribe)의 몫이었다. 필경사들은 누군가가 불러주는 내용을 받아 적거나, 성경과 같이 이미 제작된 책을 그대로 베껴 쓰는 일을 했다. 때로는 그림을 그리거나 색 잉크를 사용해 글을 장식하기도 했다. 필경사가 되기 위해서는 글을 빠르게 옮겨 적는 능력뿐 아니라, 누구라도 읽을 수 있을 만큼 정제된 글씨체를 갖추는 것이 필수였다.

1454년 구텐베르크(Gutenberg)의 인쇄술이 발명되면서, 필경사의 역할은 점차 인쇄공에게 넘어갔다. 인쇄공은 짧은 시간 안에 대량의 인쇄물을 제작할 수 있었고, 그 결과 성경책의 가격도 크게 낮아졌다. 물론 당시의 부유층은 여전히 필경사를 고용해 인쇄된 책 위에 그림을 그려 넣거나 화려한 장식을 더하기도 했다.

인쇄술의 발달은 글쓰기 자체를 전문화시켰다. 이는 곧 작가라는 직업의 탄생을 의미했다. 동시에 책의 제작은 분업의 대상이 되었다. 글을 쓰는 작가, 이를 발행하는 출판업자, 인쇄업자, 유통업자, 판매업자, 그리고 책의 소비자인 독자가 서로 분리된 영역을 형성했다. 활자화된 글쓰기는 더 이상 개인적 행위가 아니라, 집단적이고 조직적인 활동으로 전환되었다.

그러나 개인의 글쓰기는 여전히 잉크 펜에 의존했다. 편지나 일기처럼 사적인 글은 종종 타인이 읽기 어려웠고, 특히 필기체로 급히 휘갈겨 쓴 글은 암호문처럼 해독하기가 곤혹스러웠다. "만약 이런 개인적 글도 활자처럼 찍혀 나온다면 훨씬 읽기 수월하지 않을까?", "개인의 편지나 일기를 활자로 쓸 수는 없을까?" 이 질문이 바로 글쓰기의 기계화라는 계획을 낳았다.

1714년 영국 특허청에 제출된 특허 신청서는 이러한 고민을 고스란히 담고 있다. 당시 39세였던 뉴 리버 컴퍼니(New River Company) 직원 헨리 밀(Henry Mill)은 글자를 낱자로 혹은 연속적으로 쓸 수 있는 도구에 대한 개념을 제시했다. 그는 이 방식으로 쓰인 글씨가 인쇄된 활자와 거의 차이가 없을 만큼 깨끗하고 정확해, 공문서 작성에도 매우 유용할 것이라고 추정했다. 이 특허를 계기로 타자기의 최초 개념화에 대한 공로는 헨리 밀에게 돌아가게 된다.

1714년 1월 7일 발부된 이 특허는 설계 도면이나 시제품 없이, 생각을 비교적 구체적으로 서술한 문서에 불과했다. 이 때문에 일부에서는 이를 미완성 아이디어로 평가절하하기도 한다. 수로(水路) 기술자로 일하던 헨리 밀은 평생 단 두 건의 특허만을 신청했는데, 하나는 수레에 사용되는 용수철이었고 다른 하나가 바로 타자기였다. 그는 '글씨 쓰는 기계(Machine for Transcribing Letters)'라는 이름으로 특허 신청서를 제출하며, 기계로 글씨를 쓰면 인쇄된 것처럼 깨끗하고 글자가 규격화될 것이라고 주장했다.

당시 특허 문서에는 다음과 같이 적혀 있다.

"An artificial machine or method for the impressing or transcribing of letters singly or progressively one after another, as in writing, whereby all writing whatever may be engrossed in paper or parchment so neat and exact as not to be distinguished from print."

(낱개의 글자 혹은 한 자 한 자 연속적으로 글자를 찍어내거나 글씨를 쓰는 인위적 도구 또는 방법으로, 모든 글씨가 종이 위에 매우 산뜻하고 정확하게 적혀 기존 인쇄 활자와 구별되지 않게 될 것이다.)

그러나 이 문서에는 제작 방식에 대한 설명이 전혀 없으며, 밀 자신이 실제로 시제품을 만들었는지, 혹은 그러한 시도를 했는지조차 알 수 없다.

피아노에서 영감 얻은 타자기

19세기 당시의 첨단기술로는 인쇄기와 시계, 그리고 피아노를 꼽을 수 있다. 타자기는 이 세 가지 기술이 결합된 산물이었다(Robert & Weil, 2016). 인쇄기에 사용되는 활자(type)를 시계의 추처럼 좌우로 움직이게 하고, 여기에 피아노처럼 건반을 누르면 글자가 찍히도록 만들 수 있다는 상상이 그 출발점이었다. 이러한 이유로 초기 타자기는 '문학 피아노(literary piano)'라 불리기도 했다.

글을 쓰는 피아노를 만들겠다는 발상은 유럽에서 먼저 등장했다. 이탈리아의 발명가 주세페 라비자(Giuseppe Ravizza)는 1832년경 타자기를 고안한 인물로 알려져 있다. 다만 그가 실제 시제품을 완성한 것은 그로부터 약 15년 뒤인 1847년 무렵이다. 라비자는 이 기계에 '쳄발로 스크리바노(Cembalo Scrivano, 글쓰는 타자기)'라는 이름을 붙였는데, 이름 그대로 자판은 피아노 건반과 매우 유사한 형태였다. 그는 1855년 국제 전시회에서 피아노 건반형 키보드를 바탕으로 한 'Maccina da Scrivere a tasti(자판이 있는 글쓰기 기계)'를 선보였고, 1858년에는 이 장치로 특허를 취득했으며 같은 해 튜린(Turin) 전시회에서 은메달을 받았다.

1838년 앙투안 뒤자르댕(Antoine Dujardin) 역시 말을 기록하기 위한 장치로서 26개의 자판을 갖춘 타자기를 고안했다. 그는 알파벳 26자를 ABC 순서대로 배열했는데, 이 배열이 피아노 건반과 매우 흡사하다는 평가를 받았다. 이 타자기의 원리는 1855년 영국의 발명가 찰스 휘트스톤(Charles Wheatstone)이 전기 전신기(electric telegraph)를 개발하는 데에도 활용되었다. 휘트스톤은 피아노 자판을 누르면 일련의 지렛대가 작동해 글자가 새겨진 망치가 종이를 두드리도록 설계했다.

미국에서는 1857년 사무엘 워드 프란시스(Samuel Ward Francis)가 새로운 인쇄 기계를 발명했는데, 이 역시 피아노 스타일의 건반을 바탕으로 하고 있었다. 로드아일랜드 뉴포트에 거주하던 그는 아이보리색 피아노 건반을 사용해 반원형의 활자가 종이에 찍히도록 고안했고, 미국 특허청으로부터 특허번호 1만 8,504번을 부여받았다.

1881년에 제작된 해몬드(Hammond) 타자기 또한 피아노 건반 형태를 유지하고 있다는 점에서, 피아노는 당시 많은 타자기 발명가들에게 중요한 영감의 원천이었음을 알 수 있다. 해몬드 타자기는 피아노 건반의 키보드를 가진 타자기중에서 상업적으로 가장 성공적인 타자기가 된다.

미국에서 최초로 상업적 성공을 거둔 것으로 평가되는 숄스(Sholes)·그리든(Glidden)·숄(Soule)의 타자기 역시, 초기 특허 출원 당시에는 피아노 건반을 이용한 타이핑 방식을 채택하고 있었다. 다만 시제품 제작과 개량 과정을 거치면서, 점차 피아노 건반 대신 오늘날 우리가 익숙한 타자기 자판의 형태가 만들어지게 되었다.

최초 타자기 발명가는 누구?

누가 타자기의 최초 발명가일까. 이 질문에 대한 답은 타자기의 '발명'을 어떻게 정의하느냐에 따라 달라진다. 발명을 특허로 판단한다면, 앞서 살펴본 1714년의 헨리 밀(Henry Mill)이 최초의 타자기 발명가가 된다. 그러나 실제로 제품을 만들었다는 사실을 최초 발명으로 본다면, 이탈리아의 펠레그리노 투리(Pellegrino Turri)를 최초의 발명가로 볼 수 있다. 그는 시각장애인을 위해 타자기를 고안했으며, 그가 남긴 타자기 글씨의 작성 시기는 1808년으로 알려져 있다.

발명을 상업적 목적의 대량 생산한 경우로 정의할 경우에는 1852년 미국의 존 존스(John Jones)을 꼽을 수 있다. 그의 타자기는 약 130대가 제작되었으나, 공장 화재로 인해 판매 이전에 대부분 소실되었다. 반면 발명을 시장에 출시되어 실제로 판매가 이뤄진 사실을 근거로 삼는다면, 덴마크인 몰링 한센(Malling-Hansen)의 롸이팅 볼(Writing Ball)이 최초라 할 수 있다. 롸이팅 볼은 1868년 시장에 정식으로 출시되었다. 이후 약 150여 년 동안, 적어도 52개국에서 112종의 타자기가 발명된 것으로 추산된다.

1714년 영국에서 최초의 특허가 부여된 이후 약 100년 동안, 다양한 형태의 타자기들이 고안되고 제작되었다. 예컨대 1808년 이탈리아의 펠레그리노 투리는 시각장애인 친구인 판토니 다 피비차노(Pantoni da Fivizzano)를 위해 타자기를 만들어 실험했다는 기록을 남겼다. 당시 약 3mm 크기의 활자를 찍어냈다고 전해지지만, 그 이상의 구체적인 기록은 없다. 불행히도 이 타자기의 실물은 전해지지 않아, 그 형태를 직접 확인할 수는 없다. 다만 이 이야기는 캐리 월리스(Carey Wallace)의 소설 『시각장애인 콘테사의 새로운 기계』의 모티브가 되기도 했다.

미국에서는 1829년 미시간주 디트로이트에 거주하던 윌리엄 오스틴 버트(William Austin Burt)가 '타이포그래퍼(Typographer)'라는 이름으로 특허를 출원했다. 이는 미국 최초의 타자기 특허로 평가된다. 이 기계는 시계의 눈금처럼 배열된 글자를 손으로 움직여 활자를 찍는 방식으로, 오늘날 기준에서 보면 키보드 방식이 아닌 인덱스(index) 타자기에 해당한다. 미 특허청에 전시되었던 이 모델은 1846년 화재로 소실되었고, 현재는 1892년에 제작된 복제품만이 전시되고 있다. 이 기계는 손 글씨보다 오히려 느리다는 한계를 지녀 상업화에는 실패했지만, 당시 다양한 시도가 본격적으로 시작되었음을 보여주는 사례다.

1843년에 제작된 찰스 서버(Charles Thurber)의 키로그래퍼(Chirographer)는 현재 타자기의 전 단계로 평가할 만한 장치다. 원형으로 배치된 타입바가 아래에서 위로 움직이며 글자를 찍는 방식으로, 써버는 종이에 찍히는 글자를 일부러 울퉁불퉁하게 만들어 시각장애인들이 손으로 더 쉽게 읽을 수 있도록 했다. 그는 평생 시각장애인의 읽기와 쓰기 방식을 연구해온 인물이었다. 이러한 점에서 그의 장치는 현대 타자기의 직접적인 원형 중 하나로 볼 수 있다.

장애인을 위한 롸이팅 볼

초기 타자기는 청각장애인과 시각장애인의 글쓰기를 돕기 위한 도구로 출발했다. 타자기 역사의 출발점으로 자주 언급되는 몰링 한센의 롸이팅 볼 역시 그러한 맥락에서 이해할 수 있다. 덴마크 왕립 청각장애연구소 소장이었던 한센은, 청각장애인들이 글쓰기에서도 상당한 어려움을 겪고 있다는 사실에 주목했다. 그는 이들이 새로운 방식으로 글을 쓸 수 있는 방법이 없을지 고민한 끝에 타자기를 고안했다.

한센은 수화가 펜글씨보다 더 빠르게 의미를 전달할 수 있다는 점에서 착안해, 펜이 아닌 기계로 글을 쓰면 전달 속도를 높일 수 있을 것이라 판단했다. 그는 손가락을 모아 펜을 쥐는 대신, 자음과 모음을 분리해 손가락으로 눌러 입력하는 방식이 훨씬 효율적이라는 사실을 발견했다. 이에 따라 반원형 도자기 표면에 52개의 숫자를 배치하고, 여기에 영어 알파벳을 대응시키는 방식으로 초기 자판을 설계했다. 구조가 단순해 누구나 쉽게 배울 수 있었고, 청각장애인들도 짧은 연습만으로 비교적 능숙하게 글을 쓸 수 있었다.

1865~1866년 사이 여러 형태의 롸이팅 볼이 제작되었으며, 한센은 이를 바탕으로 1870년 특허를 취득했다. 1878년에는 오늘날의 타자기처럼 잉크 리본을 사용해 글자를 인쇄할 수 있도록 개선되었고, 같은 해 파리 전시회에서 발명상을 수상했다. 타자기 역사학자 마이클 아들러(Michael Adler)는 롸이팅 볼을 두고 "역사상 가장 완벽하게 고안된 타자기"라고 평가했다. 이 기계는 1910년까지 제작되고 판매되었다.

특히 철학자 프리드리히 니체(Friedrich Nietzsche)는 롸이팅 볼의 존재를 알게 된 뒤, 1881년 직접 이를 구입해 사용했다. 니체가 롸이팅 볼을 선택한 결정적 이유는 점점 악화되던 시력 때문이었다. 그는 필기체로 쓴 자신의 글씨를 읽으며 심한 두통에 시달렸고, 그 결과 글씨 역시 점차 악필로 변해갔다. 그러나 롸이팅 볼을 사용한 이후 두통은 상당 부분 완화되었다. 원형 구조의 롸이팅 볼은 평면 타자기와 달리 시력에 덜 의존해 글쓰기가 가능했기 때문이다. 애초에 이 기계가 시각장애인을 염두에 두고 개발되었다는 점 역시 중요한 특징이다.

당시 롸이팅 볼의 무게는 약 75kg에 달했지만, 미국에서 제작된 타자기들에 비해서는 오히려 가벼운 편이었다. 주된 판매 지역은 덴마크, 프랑스, 독일 등 유럽 국가들이었다. 일부 소유자들은 1차 세계대전 직후 롸이팅 볼을 귀중품처럼 갖고 미국행 이민선에 오르기도 했다.

덴마크는 세계 최초로 타자기를 만든 나라라는 자부심이 강하다. 덴마크는 타자기가 골동품으로 인식되기 이전부터 전 세계에 흩어진 롸이팅 볼을 적극적으로 수소문하며 수집해왔다. 그 결과 2001년 12월 경매에서 1867년 제작된 몰링 한센의 롸이팅 볼이 8만 4,000달러에 낙찰되기도 했다. 예술품에 가까운 미적 완성도와 전 세계에 30여 대만 남아 있다는 희소성 때문에, 롸이팅 볼은 세계에서 가장 비싼 타자기로 간주된다.

이탈리아의 자존심, 미터호퍼

목수였던 이탈리아인 피터 미터호퍼(Peter Mitterhofer, 1822-1893) 역시 타자기 역사에서 빼놓을 수 없는 인물이다. 그는 1864년 나무를 재료로 한 타자기 모형을 제작했고, 이후 5년 동안 나무와 철만을 사용해 다섯 개의 타자기 모델을 만들었다. 이 가운데 세 번째와 다섯 번째 모델을 들고 오스트리아 황제 프란츠 요제프 1세를 찾아가 직접 시연했으며, 제작비를 지원받기도 했다. 그러나 당시 유럽에서는 타자기의 상업적 가치가 충분히 평가되지 않았고, 관료주의와 지배층의 상상력 부족, 그리고 세도바 전쟁(1866)와 오스트리아-헝가리 협약(1867) 등 정치적 격변이 겹치면서 그의 발명품은 후원자를 찾지 못했다.

이로 인해 미터호퍼의 존재는 영미권은 물론 독일과 이탈리아에서도 오랫동안 잊혀졌다. 그러나 1911년, 그의 집 다락방에서 1865년 제작된 모형이 우연히 발견되면서 재평가가 시작되었다. 미터호퍼의 타자기는 이후 미국에서 발명된 숄스(Sholes)·그리든(Glidden)·숄(Soule)의 타자기와 매우 유사했으며, 이들이 1868년 특허를 받고 1873년 첫 제품을 출시했다는 점을 고려하면, 미터호퍼의 발명은 최소 3~8년 앞선 것이었다. 이 때문에 숄스 타자기가 미터호퍼의 모델을 참고했을 가능성도 제기된다.

미터호퍼는 목수이자 음악가, 복화술사였다. 1822년 9월 밀라노 인근 파친스(Paryschins)에서 태어나 초등학교 교육만을 마친 뒤 아버지의 목공소에서 일했다. 새로운 것에 대한 호기심이 많았던 그는 1849년, 27세의 나이에 발칸 지역을 거쳐 독일·프랑스·스위스를 도보로 여행하기도 했다. 귀향 후 그는 농장을 소유한 중산층 여성 마리 슈테들(Marie Steidl)과 결혼했고, 비교적 안정된 환경 속에서 타자기 제작에 몰두할 수 있었다.

미터호퍼는 타자기 자판을 설계하며 악기의 건반에서 영감을 얻었다. 젊은 시절 그는 피아노 건반을 누르면 작은 망치가 나무 블록을 치는 음악 장치를 만들기도 했다. 그는 '글을 쓰는 피아노(Cembalo Scrivano)'가 가능하다고 믿었으며, 실제로 1864~1869년 사이 최소 4~5개의 타자기 모형을 완성한 것으로 추정된다. 현재 오스트리아 빈, 이탈리아 밀라노, 독일 드레스덴 등에 네 개의 모형이 남아 있다. 비엔나 기계박물관에 소장된 1864년 모델은 미터호퍼 타자기의 원형으로, 자판까지 모두 나무로 제작되었으며, 키를 누르면 원통 아래에서 활자가 위로 올라오는 구조를 갖추고 있다. 이 모델에는 알파벳과 문장부호를 포함해 총 30개의 자판이 있었지만, 종이를 고정하는 받침대는 없었다.

두 번째 모델은 미터호퍼의 집 비밀 서랍에서 발견되어 현재 드레스덴 공대 타자기 컬렉션에 전시되어 있다. 이 모델은 자판 배열을 재구성해 글자가 명확히 인쇄되도록 했고, 한 줄이 끝나면 작은 벨이 울리는 알림 기능도 추가되었다. 그러나 이 당시 미터호퍼의 자금은 이미 고갈된 상태였다. 그는 1866년 12월 오스트리아의 빈으로 가서 황제에게 새 모델을 선보이며 추가 지원을 요청했고, 자신의 기계가 글쓰는 시간을 단축하고 종이를 절약하며 눈의 피로를 줄인다는 점을 강조했다.

이와 거의 같은 시기에 제작된 3번재 모델은 현재 이탈리아 밀라노의 박물관에 소장되어 있다. 1973년, 미터호퍼 탄생 150주년을 맞아 발표된 연구에 따르면, 또 다른 모델의 타자기가 존재했을 가능성도 제기된다. 이 모델은 72자의 자판과 35개의 키, 그리고 원통형 받침대를 갖추고 있었던 것으로 추정된다. 당시 사람들은 타자기가 손보다 빠르게 글을 쓸 것이라고 믿지 않았지만, 오스트리아 황제는 그에게 200길더(guilder)를 수여했다.

당시 기술 수준에서 곧바로 제품화해 일상적으로 사용하기는 쉽지 않았다. 미터호퍼는 지속적으로 기계를 개량했고, 그의 일기에는 이에 대한 불만과 고민이 고스란히 담겨 있다. 초기 구상했던 시프트 키 방식이 제대로 작동하지 않자, 그는 82개의 키를 갖춘 자판을 구상하기도 했다. 1870년 다시 빈을 찾아 최종 모델을 선보였고, 이번에는 150길더를 지원받았다. 이후 그는 고향으로 돌아가 농장을 가꾸며 지내다 1899년 8월 26일, 71세의 나이로 생을 마쳤다. 그의 마지막 완성 모델은 현재 비엔나 폴리테크닉 대학에 소장되어 있다.

미터호퍼의 타자기는 오랫동안 역사 속에서 잊혀졌으나, 20세기 초 재발견되면서 그의 창의적 시도가 재조명되고 있다. 특히 이탈리아 정부는 미터호퍼를 자국의 발명가로 기리며 사료 발굴과 박물관 전시를 통해 그의 업적을 알리고 있다.

숄스 타자기와 QWERTY 자판

고물상으로 큰돈을 번 카를로스 그리든(Carlos Glidden)은 발명가들 사이에서 널리 읽히던 『사이언티픽 아메리칸(Scientific American)』에서 알라바마주에 거주하던 존 프랫(John Pratt)의 '프터로타입(Pterotype)'에 관한 기사를 접했다. 그는 이와 유사한 기계를 만들어 판매하면 큰 수익을 얻을 수 있을 것이라 판단했고, 당시 빈 책에 페이지를 삽입하는 기계를 발명한 랜섬 숄스(Christopher Latham Sholes)를 떠올렸다. 숄스는 당시 『밀워키 데일리 센티널』과 『밀워키 뉴스』의 편집장을 지낸 인쇄인이었다.

신문 편집장이자 인쇄업자였던 숄스는 손 글씨의 한계를 누구보다 잘 알고 있었고, 곧바로 이 필요성에 공감했다. 숄스가 타자기 개발에 착수하자 친구인 숄(Soule) 역시 참여했다. 사업자금조달은 그리든의 몫이었다. 그 결과 1867년 9월, 최초의 타자기 모델이 완성되었다.

1868년 3월에는 숄스의 처남이자 고등학교 국어교사였던 덴스모어(Densmore)가 사업에 합류했다. 상업화 가능성은 보였지만 해결해야 할 기술적 문제는 여전히 많았다. 이들은 25~30개의 시제품을 제작하며 문제를 하나씩 해결해 나갔지만 더딘 개발 작업에 그리든과 숄은 손을 떼게 되었다.

초기 모델은 글자가 비교적 빠르고 정확하게 찍힌다는 장점이 있었고, 이를 바탕으로 상용화를 시도했다. 숄스는 처음에 알파벳 A부터 Z까지를 두 줄에 배열하고, 숫자와 기호를 더한 세 줄짜리 자판을 고안했다. 알파벳을 A-B-C 순서로 배우는 만큼, 자판도 그 순서로 배열하는 것이 합리적이라고 여겼기 때문이다. 그러나 당시 금속 가공 기술의 한계로 인해, 연속해서 키를 누를 경우 활자들이 서로 엉겨 붙는 문제가 빈번하게 발생했다.

이를 해결하기 위해 숄스는 자주 연속되는 글자들을 서로 떨어뜨려 배치하는 방식을 고안했다. 그는 처남 덴스모어에게 영어에서 가장 자주 사용되는 단어들을 조사하게 했고, 그 결과를 바탕으로 알파벳을 세 줄에 분산 배치했다. 예를 들어 'the'라는 단어는 윗줄에서 시작해 아래로 내려갔다가 다시 올라오는 동선을 갖는다. 이렇게 완성된 자판이 바로 QWERTY 배열이다. 이 방식은 활자 엉킴 현상을 효과적으로 줄였고, 숄스는 이를 바탕으로 1878년 특허를 제출했다. 이후 다양한 자판 배열이 시도되었지만, 반복 사용을 통해 QWERTY가 표준으로 자리 잡았다.

QWERTY 자판은 오늘날 '유니버설 자판(Universal Keyboard)'이라 불릴 만큼 익숙해졌지만, 알파벳 순서의 흔적은 여전히 남아 있다. 세 줄 자판의 두 번째 줄인 F-G-H-J-K-L은 I를 제외하면 알파벳 순서를 유지하고 있다. 또한 첫 번째 줄에는 TYPEWRITER라는 단어를 모두 입력할 수 있도록 글자들이 배치되어 있다. 이는 초기 영업사원들이 고객 앞에서 집게손가락으로 첫 줄만 눌러 'TYPEWRITER'를 시연했을 것이라는 추정을 낳았다. 다만 숄스가 왜 이 배열을 선택했는지에 대한 확정적 근거는 없다.

QWERTY 자판은 왼손 사용 비중이 높다는 비판도 받아왔다. 영어 단어를 입력할 때 왼손이 약 56%, 오른손이 44%를 담당한다는 연구 결과도 있다. 특히 왼손 새끼손가락으로 쉬프트 고정키를 사용해야 한다는 점도 지적된다.

1932년 어거스트 드보락(August Dvorak)은 보다 효율적인 자판 배열을 제안했다. 그는 모음(A-O-E-U-I)과 자주 사용되는 자음(D-H-T-N-S)을 가운데 줄에 배치해 양손을 균형 있게 사용하도록 설계했다. 그러나 이 배열은 시장에서 받아들여지지 않았다. 기존 사용자들의 혼란 가능성과 QWERTY의 충분한 실용성, 그리고 타자기 강습소 교사들의 반발이 주요 원인이었다.

이처럼 더 효율적인 대안이 존재하더라도 기존 방식을 유지하는 현상을 'QWERTY 효과' 또는 '경로의존성 효과(path dependency)'라 부른다. 이는 드보락 자판이 혁신적인 제품이라기보다 보조 장치에 불과하다는 평가와도 맞닿아 있다. 실제로 같은 시기 QWERTY가 아닌 자판을 사용한 해몬드(Hammond), 요스트(Yost), 캘리그래프(Caligraph), 브리켄스더퍼(Blickensderfer) 타자기들도 상업적으로 성공을 거두었다.

최근 연구에 따르면 QWERTY 자판은 사람들의 이름 짓기에도 영향을 미쳤다. 1990년대 이후 태어난 사람들의 이름에는 왼손보다 오른손으로 입력하는 글자가 더 많이 사용된다는 것이다. 서구 문화권에서 왼손을 불길하게 여기는 인식 역시 이러한 경향과 맞물린다. 다만 모든 나라가 동일한 QWERTY 배열을 쓰는 것은 아니다. 독일은 QWERTZ, 프랑스는 AZERTY, 이탈리아는 QZERTY의 순서 배열을 사용했다. 또한 브리켄스더퍼 타자기는 DHIATENSOR 자판 배열을 채택했다.

레밍턴 타자기의 등장

숄스의 타자기는 혁신적인 발명품이다. 신문기자와 영어 교사가 의기투합해 상업적으로도 성공할 수 있는 타자기를 만들었으나 자본금 부족과 숙련된 기술 인력 부재, 영업능력 등에서는 근본적 한계가 있었다. 이때 등장한 구원자가 바로 레밍턴(Remington)였다. 레밍턴은 숄스 타자기의 발전 가능성을 알아보고 자본 투자뿐 아니라 기술자, 변호사, 경영진까지 지원하며 본격적으로 타자기 회사 운영에 개입했다.

엘리파렛 레밍턴(Eliphalet Remington)은 19세기 초 미국 뉴욕주 모호크 계곡에서 총기를 제작하며 사업을 시작했다. 그는 미·멕시코 전쟁(1846~1848)과 남북전쟁(1861~1865)을 거치며 미국을 대표하는 총기 제작업체로 성장했다. 그러나 남북전쟁 이후 총기 수요가 급감하자, 레밍턴은 새로운 성장 동력을 모색했고, 그 대안으로 재봉틀과 타자기 같은 신기술 산업에 눈을 돌리게 된다.

당시 타자기 특허를 보유하고 있던 숄스는 특허를 사용할 권리를 덴스모어(Densmore)와 요스트(Yost)에게도 1만 2000달러에 매각했다. 레밍턴은 이 특허를 사용할 수 있는 권리를 추가로 확보해 1873년부터 본격적인 타자기 제작에 나섰다. 재봉틀 제작 경험이 풍부했던 레밍턴은 재봉틀 받침대 위에 타자기를 올리는 방식까지 도입하며 생산 효율을 높였다.

레밍턴이 타자기 발전에 기여한 핵심은 몇 가지로 정리할 스 있다. 우선 숄스가 고안한 QWERTY 자판을 채택해 오늘날 컴퓨터 키보드의 표준을 확립했다는 점이다(모델 1). 또한 시프트(Shift) 키를 도입해 하나의 자판으로 대문자와 소문자를 전환하여 사용할 수 있도록 했다(모델 2, 1878년). 검은색 일변도의 타자기 시장에 붉은색과 청색 등 다양한 색상의 제품을 선보였고(레미 스카우트, 1932년), 글을 치는 동안 카트리지가 상하로 움직이며 사용자가 자신의 글자를 직접 볼 수 있게 했다(모델 10, 1908년). 나아가 덮개를 도입해 타자 소음을 줄인 '노이즈리스(Noiseless)' 모델(1925년)까지 출시하며, 레밍턴은 타자기 산업을 선도하는 브랜드로 자리 잡았다.

초창기 타자기의 자판 수는 무려 84개에 달했다. 대문자와 소문자를 각각 별도의 자판으로 구성했기 때문이다. 그러나 레밍턴 2가 출시되면서 자판 수는 절반으로 줄었고, 이는 제작 단가를 낮추는 동시에 타자 속도를 크게 향상시켰다. 1892년 레밍턴은 "시간을 절약하는 것이 곧 생명을 연장하는 것이다(To save time is to lengthen life)"라는 슬로건을 내세워, 타이핑이 손글씨보다 훨씬 효율적임을 강조했다.

마크 트웨인, 아가사 크리스티, 마거릿 미첼 등 당대의 대표적 작가들 역시 레밍턴 타자기의 애용자였다. 그러나 레밍턴은 1886년 타자기 사업권을 스탠다드 타자기(Standard Typewriter)에 넘기고 다시 총기 사업에 집중하기로 결정했다. 이때 스탠다드사는 '레밍턴'이라는 브랜드 사용권도 함께 인수했고, 이후 생산된 레밍턴 타자기들은 실제 레밍턴 일가와는 점차 거리가 멀어지게 된다. 레밍턴 일가는 총기와 화약 사업을 확장하며 미 총기협회(NRA)의 핵심 기업으로 성장했고, 세계적인 권총 모델인 M1911 권총을 개발했다. 이 권총은 1911년부터 1985년까지 휴대용 권총의 표준으로 자리 잡았다.

스미스 프리미어

미국의 또 다른 주요 타자기 브랜드인 스미스 프리미어(Smith Premier)는 뉴욕주 시러큐스에 살던 알렉산더 티모시 브라운(Alexander Timothy Brown)에 의해 설립되었다. 브라운은 L.C. 스미스라는 총기 회사에서 근무하고 있었는데, 이 회사는 라이먼 코넬리어스 스미스(Lyman Cornelius Smith)와 그의 형제들이 세운 기업이었다. 브라운이 1889년 타자기 특허(No. 411,421)를 출원하자, 스미스 형제는 이를 계기로 총기 생산뿐 아니라 타자기 제작에도 본격적으로 나서게 된다.

1890년 출시된 스미스 프리미어 타자기는 동일한 자판이 두 개 있는 구조였다. 위쪽에는 대문자 자판을, 아래쪽에는 소문자 자판을 배치했고, 좌우에 각각 하나씩의 스페이스 바를 두었다. 말 그대로 '완전체(complete)' 자판 구조였다. 이는 동시대의 경쟁자인 캘리그래프(Caligraph) 타자기나 바락(Bar-Lock) 타자기보다 기능 면에서 뛰어나다는 평가를 받았다.

스미스 프리미어의 또 다른 장점은 원형 타자 받침통 끝에 시계 톱니처럼 홈이 파여 있다는 점이다. 레버를 움직이면 이 홈을 따라 받침통이 회전하면서, 글자를 즉시 보지는 못하더라도 약간만 조작하면 방금 친 글씨를 확인할 수 있었다. 이를 통해 오류를 비교적 쉽게 발견하고 수정할 수 있었다.

또 중앙에는 타이프를 청소할 수 있는 원형 솔이 장착되어 있었다. 원통형 받침통을 분리한 뒤 솔을 돌리면 글자에 묻은 잉크를 손쉽게 제거할 수 있었다. 당시 다른 타자기들은 글자를 하나하나 손으로 닦아야 했기 때문에, 타자수들의 손은 잉크로 쉽게 더러워졌다. 결국 청소를 게을리하게 되고, 시간이 지나면 글자가 제대로 찍히지 않는 문제가 발생하곤 했다.

스미스 프리미어 타자기는 장식 패널을 부착해 심미성에서도 높은 평가를 받았다. 여기에 더해 가격 정책에서도 차별화를 시도했다. 유연한 할인 전략을 통해 기존의 레밍턴이나 캘리그래프 같은 선발 업체들을 위협했고, 시장에서 점차 인기를 끌었다. 그 결과 총기 회사와 분리된 독립 법인, 스미스 프리미어 타자기 회사가 설립되었고, 뉴욕주 오논다가(Onondaga) 카운티의 시라큐스에 새 사옥을 건립하였다.

1896년 출시된 '스미스 프리미어 2' 타자기부터는 장식 패널을 제거해 가격을 더욱 낮췄다. 이후 2년 동안 약 1만 5000대를 판매하며 상업적으로 큰 성공을 거두었다. 특히 관공서에서 인기가 높아, 당시 존재하던 150여 개 타자기 브랜드 가운데 가장 많은 납품 실적을 기록했다. 이후 언더우드(Underwood) 타자기가 타자수가 글자를 직접 볼 수 있는 '보이는 타자기'를 출시하자, 스미스 형제 역시 시장 변화에 대응하고자 했다. 그 결과 1903년 L.C. Smith & Brothers Typewriter Company라는 독립 법인을 설립했다.

스미스 프리미어 타자기는 인쇄소에서도 널리 활용되었다. 캘리포니아의 인쇄업자 가이 버크너(Guy Buckner)는 기존 스미스 타자기를 개조, 리노타자기(Lino-typewriter)를 제작했다. 그는 대문자를 위, 소문자를 아래에 배치하는 기존 방식 대신, 대문자는 왼쪽에 소문자는 오른쪽에 배치해 인쇄 작업에 더욱 적합하도록 개선했다.

1906년 뉴욕의 로즈 타자기(Rose Typewriter)가 접이식(folding) 휴대용 타자기를 개발하자, 스미스는 이 회사를 인수해 자회사로 편입시켰다. 이후 회사명을 스탠다드 타자기 회사(Standard Typewriter Company)로 변경했고, 1914년에는 업그레이드된 접이식 타자기를 스미스 코로나 3(Smith Corona 3) 타자기라는 이름으로 출시해 대성공을 거두었다. 이 성공을 계기로 회사명은 아예 '코로나 타자기(Corona Typewriter)'로 바뀌었다.

스미스 타자기는 이후 두 개의 법인으로 운영되었다. L.C. Smith는 사무실용 타자기를, Corona는 휴대용 타자기를 담당했다. 오늘날 데스크톱과 노트북 시장의 이원화와 유사한 구조였다. 그러나 사무실용 타자기를 제작하던 L.C. Smith는 1921년 레밍턴 타자기에 흡수되었고, 이후 출시된 스미스 프리미어 타자기들은 레밍턴 제품과 큰 차이가 없게 되었다. 레밍턴 타자기는 이후 스미스 프리미어라는 브랜드를 1940년까지 유지하며 시장 지배력을 이어갔다.

제2차 세계대전이 발발하자 미국 정부는 타자기 제조사에게 총기 생산을 요구했다. 1차 세계대전 이후 총기 회사가 타자기 회사로 변신했다면, 이번에는 타자기 회사가 다시 총기 제조사로 전환된 셈이다. 이는 철 가공 기술이라는 공통 기반 덕분이었다. 1943년 이후에야 스미스 타자기는 타자기 생산을 재개했다.

2차 세계대전 전쟁 이후 사무실용 타자기 역시 소형화가 진행되었다. 스미스 타자기는 1946년 사명을 스미스 코로나(Smith Corona)로 변경하며 시장에 안착했고, 1948년부터 시작된 전기 타자기 붐에 맞춰 1955년 사무실용 전기 타자기를 생산·공급했다. 이후 1958년 마찬트(Marchant)

계산기 회사와 합병해 스미스-코로나-마찬트(Smith-Corona Marchant Inc., SCM)라는 이름으로 재출범하게 된다.

타자기 회사들의 연합전선

스미스 프리미어의 등장 이후, 기존 타자기 제작사들의 시장 점유율은 눈에 띄게 흔들리기 시작했다. 스미스 프리미어는 품질이 우수했을 뿐 아니라 공격적인 가격 할인 정책까지 펼치며 기존 시장을 직접 위협했기 때문이다. 이에 레밍턴(Remington)과 칼리그라프(Caligraph), 요스트(Yost), 덴스모어(Densmore) 등 기존 업체들은 출혈경쟁을 계속하기보다 연합전선을 구성하기 시작했다. 그 결과 1893년, 가격 인하 경쟁을 중단하고 기존 가격을 유지하자는 합의가 성립되면서 타자기 제조사 연합이 결성되었다. 그들만의 카르텔이었다. 이 카르텔에 속한 회사들의 공통점은 타자수가 타이핑하는 글자를 즉시 확인할 수 없는, 이른바 '보이지 않는 타자기'를 생산했다는 점이다.

연합에 참여한 회사들은 법적으로는 독립 기업으로 운영되었지만, 시장을 효율적으로 관리하기 위해 다양한 방식의 협업을 진행했다. 예컨대 공동 광고를 집행하거나, 경우에 따라 소송을 함께 수행하기도 했다. 신제품 출시 계획, 생산량, 직원 수 등 주요 경영 정보를 연합에 보고하도록 했으며, 특히 직원들의 이직 관리에 역점을 두었다. 경쟁 회사로 이직하려면 연합의 사전 승인을 받도록 했고, 비리나 비행으로 해고된 종업원은 연합의 블랙 리스트에 올려서 경쟁사 취업이 사실상 불가능하도록 했다.

물론 반독점방지법(antitrust law)의 취지에 비추어 보면 이러한 카르텔은 불법이었다. 그러나 이들은 하나의 회사가 아니라 여러 독립 회사의 연합이라는 형태를 취했기 때문에, 미 정부가 담합 행위를 직접 추적하기가 쉽지 않았다. 이들 기업은 뉴욕에 본부를 둔 타자기 연맹과 부속품 회사(United Typewriter & Supply Company)를 별도로 설립해 해외 시장에도 진출했다. 이 회사는 레밍턴, 칼리그라프, 요스트, 덴스모어, 스미스 프리미어 등 연합 제품을 호주와 유럽에 판매하고 서비스 업무를 대행했다.

그러나 1900년대에 들어 '보이는 타자기(visible typewriter)'가 인기를 끌면서, '보이지 않는 타자기' 회사들의 연합전선에도 균열이 생기기 시작했다. 스미스 측은 보이는 타자기 제작으로 방향을 전환하려 했지만, 다른 회사들은 기존 업스트라이크(up-strike) 방식의 타자기를 고수하려 했기 때문이다. 결국 스미스는 기존 스미스 프리미어 타자기 회사를 연합에 남겨둔 채, 1903년 L.C. Smith 타자기 회사를 별도로 설립해 보이는 타자기 시장에 뛰어들었다.

연합에 속한 회사들은 각기 특색 있는 제품으로 생존 경쟁을 벌였지만, 명암은 엇갈렸다. 레밍턴은 쉬프트(Shift) 키를 기반으로 경쟁력을 확보했고, 스미스 프리미어는 대문자와 소문자를 모두 갖춘 완전체 자판을 앞세웠다. 반면 칼리그라프와 요스트는 뚜렷한 차별점을 만들지 못했다. 결국 칼리그라프, 요스트, 덴스모어 등은 연합 내부에서도 신제품 출시와 시장 개척에 실패한 채, 점차 시장에서 점차 외면당하는 상황에 이르렀다. 요스트는 미국 시장을 사실상 포기하고, 연합의 직접적 간섭을 받지 않는 유럽으로 진출해 명맥을 유지했다.

1920년대에 들어 미국 경제에는 불황의 기운이 드리우기 시작했다. 1923년에는 약 300종의 타자기가 생산되었으나, 1929년에는 시장에 남은 브랜드가 고작 다섯 개에 불과할 정도로 시장이 급격히 위축되었다. 특히 1929년 대공황 이후 타자기 판매는 급감했고, 독과점 금지 연방법이 강화되면서 타자기 연합의 정책 역시 더 이상 유지될 수 없게 되었다.

타자기라는 명칭

타자기의 발명은 인간이 손글씨보다 더 빠르게 기록할 수 있는 도구를 얻게 되었다는 뜻이다. 숄스의 초기 타자기는 분당 최대 50자 이상을 입력할 수 있었다. 그러나 이러한 글쓰기 기계는 처음부터 '타자기(typewriter)'라는 이름을 갖고 있었던 것은 아니다.

초기 키보드 타자기의 모습은 피아노 건반을 누르면 해당 활자가 찍히는 구조였기 때문에 '문학 피아노(Literary Piano)'라는 이름으로 불리기도 했다. 이 이름이 상징하듯, 타자기는 원래부터 사업용이라기보다 문학적 글쓰기를 돕는 기구로 상상되었다. 숄스 이전에 타자기 모형을 만든 이탈리아의 미터호퍼 역시 자신의 발명품을 글쓰기 피아노(writing piano, cembalo scrivano)로 이해했다. 덴마크의 한센 또한 외형적 특징을 반영해 '글쓰기 공(Writing Ball)'이라는 이름을 붙였다. 즉, 당시에는 발명품을 외양과 기능의 이미지로 설명하는 시대였다.

숄스는 처음에는 '인쇄기계(printing machine)'라는 이름을 선호했다. 타이핑된 글씨가 인쇄물처럼 보인다는 점을 강조하기 위해서였다. 손글씨를 대체한다는 의미에서 '글쓰기 기계(writing machine)'라는 이름도 고려했다. 그러다 그는 타이프-라이터(type-writer)라는 용어를 고안했다. 물론 반대도 있었다. 이전에는 없던 말이었기에 사람들에게 생소하게 들린다는 이유였다. 그러나 숄스 타자기의 특허가 레밍턴으로 넘어가면서 type-writer는 하나의 브랜드이자, 점차 타자기를 통칭하는 보통명사로 자리 잡았다. 요스트(Yost)는 1880년 자신의 타자기를 '칼리그라프(Caligraph)'라는 이름으로 출시하며 레밍턴의 타입-라이터와 경쟁하려 했지만, 시장에서는 이미 글쓰기 기계를 통칭해 typewriter라 부르기 시작한 뒤였다.

한편 일본의 '타자기'는 엄밀히 말해 식자기에 가까웠다. 자주 쓰는 한자 2,000~3,000자를 기본으로 배열해 두고, 그중 필요한 글자를 골라 찍는 방식이었기 때문이다. 중국에서 임어당이 발명한 명쾌 타자기 역시 기본으로 사용하는 한자의 숫자는 7,000자에 달했다. 서양과 달리 동양에서 '문자를 찾아 찍는 작업'은 손이 훨씬 많이 가는 과정일 수밖에 없었다.

02.

혁신의 시대

혁신이란 무엇인가? 어느 날 아침 번개가 치고 비가 오듯 갑자기 일어나는 현상이 아니다. 현재의 불편함을 개선하려는 노력들이 모여서 총체적인 변화를 만들어낸다. 타자기의 혁신이 바로 그러한 과정을 그대로 보여준다. 숄스 타자기를 개발되면서 타자기 시장이 새롭게 형성되기 시작했다. 그러면서 당시의 시계, 재봉틀, 총기 회사들이 초기 타자기 시장을 선점하기 위해서 뛰어들었다. 이들은 숄스의 타자기가 갖고 있는 특허권을 침해하지 않는 범위안에서 새로운 디자인을 출시하고 또 다양한 개발을 통해 제품을 개선시켜왔다. 1880년부터 10년동안 400여종이 넘는 새로운 타자기들이 "레밍턴 따라잡기" 를 모토로 내걸고 만들어졌다.

미국 정보통신의 시작

사람들은 미국 정보통신 산업의 기원을 1980년대 초 마이크로소프트(MS) 설립과 개인용 컴퓨터의 확산에서 찾기 쉽다. 그러나 그 뿌리는 훨씬 더 거슬러 올라간다. 이미 1870~1880년대에 컴퓨터 산업의 토대가 되는 핵심 기술들이 잉태되고 있었기 때문이다. 이 시기에는 데이터 입력 장치로서의 타자기(typewriter)와 계산기(adding machine, calculator), 그리고 통신 수단으로서 전신(telegraph)과 전화(telephone)가 잇달아 개발되었다. 다시 말해 컴퓨터 산업은 어느 날 갑자기 등장한 것이 아니라, 19세기 말에 형성된 여러 기술들이 점진적으로 결합한 결과라 할 수 있다. 남북전쟁 이후 미국 사회는 급속한 산업화와 행정·상업의 확장 속에서 새로운 기술에 대한 수요가 폭발적으로 증가했고, 이러한 수요는 발명과 상업화를 반복적으로 자극하며 1920년대까지 이어지며 오늘날의 미국 정보통신 산업의 기틀을 마련하게 되었다.

정보통신 기술 가운데 계산기의 역사는 비교적 오래되었다. 이미 17세기 초 쉬카드(Schickard, 1623)나 파스칼(Pascal, 1642)에 의해 기계식 계산 장치가 고안된 바 있다. 유럽에서는 1820년 샤를 자비에 토마스 드 콜마르가 제작한 애리스모메터(Arithmometer)가 상업적으로 성공을 거두기도 했다. 다만 과학이나 공학 분야에서의 계산 장치와 달리, 사무용품으로서 계산기가 본격적으로 보급된 것은 1880년대 이후의 일이다. 더하는 기계(adding machine)가 덧셈 기능에 특화된 장치라면, 계산기(calculator)는 곱셈과 나눗셈까지 수행할 수 있는 기계를 의미한다. 19세기 말 미국에서는 버로우(Burroughs Adding Machine Company)와 펠트 앤 타랜트(Felt & Tarrant)가 계산기 시장을 양분했다.

상업 활동이 확대되면서 회계와 부기의 중요성이 커졌고, 이 과정에서 타자기와 계산기는 근대 사무실을 상징하는 핵심 장비로 자리 잡게 된다. 타자 능력과 계산기 활용 능력, 그리고 부기(bookkeeping)는 20세기 초 미국 사무직 노동자의 기본 역량으로 인식되기에 이른다. 은행원 출신의 윌리엄 버로우는 1885년 특허를 출원한 뒤 은행 업무에 적합한 계산기를 제작해 475달러에 판매했다. 1895년 버로우 계산기 회사는 65명의 직원을 고용하고 30만 달러의 자산을 보유한 기업으로 성장했으며, 영국 노팅엄에 유럽 본부를 두고 미국과 영국을 중심으로 제품을 판매했다. 한편 도어 유진 펠트(Dorr Eugene Felt)는 보다 실용적인 계산기를 개발했고, 로버트 타랜트(Robert Tarrant)의 재정적 지원을 받아 1886년 시카고에 계산기 제조 회사를 설립했다. 미국 사회가 점차 대형화·복잡화되면서 암산이나 수기 계산만으로는 업무 처리가 어렵다는 인식이 확산되었고, 이를 기계적 장치로 해결하려는 시도가 본격화되었다. 펠트가 1890년에 출시한 콤퓨토미터(Comptometer)는 버로우사의 제품과 함께 계산기의 대명사로 자리 잡았다. 20세기에 들어 계산기 시장은 연간 40~50%에 달하는 성장률을 보이며 급속히 확대되었고, 그 규모는 1905년 500만 달러, 1916년에는 4,000만 달러에 이르렀다.

전신과 전화 역시 같은 시기에 비약적으로 발전했다. 1844년 전신이 발명된 이후, 1861년에는 미국 동서를 연결하는 대륙횡단 전신 서비스가 개통되었다. 웨스턴 유니언(Western Union)을 중심으로 미국 주요 도시들을 잇는 통신 네트워크가 형성되기 시작한 것이다. 웨스턴 유니언은 모르스 부호뿐 아니라, 타자기로 작성한 메시지를 곧바로 전송할 수 있는 인쇄 전신기도 도입했다. 전화 역시 1876년 알렉산더 그레이엄 벨이 음성 전파 기술로 특허를 취득한 뒤, 1877년 보스턴에 첫 교환국이 설립되면서 빠르게 확산되었다. 벨 전화사는 1885년 AT&T를 설립했고, 1892년에는 뉴욕과 시카고를 잇는 장거리 전화망을 구축했다. 이어 1915년에는 뉴욕과 샌프란시스코를 연결하며 전화망을 미국 전역으로 확장해 나갔다.

타이프-라이터와 캘리그라프

1880년 캘리그라프(Caligraph) 타자기의 등장은 타자기 역사에서 본격적인 경쟁 체제가 시작되었음을 의미한다. 당시 레밍턴은 자사 타자기를 '레밍턴 2, 레밍턴 4' 같은 번호 체계보다 '타이프-라이터(Type-Writer)'라는 이름으로 판매하며 시장을 사실상 장악하고 있었다. 대문자만 사용할 수 있는 레밍턴 4의 가격은 80달러, 대문자와 소문자를 모두 지원하는 레밍턴 2는 100달러로 상당히 고가였다. 반면 캘리그라프의 시장 가격은 60달러에 불과했고, 무게도 레밍턴 4보다 가벼운 10kg 수준이었다. 속기사들이 즐겨 읽던 월간지 『브라운의 포노그래픽 먼슬리, Browne's Phonographic Monthly』는 타이프-라이터보다 캘리그라프의 성능이 더 우수하다는 취지의 기사까지 실었다.

레밍턴 타자기가 선두주자였다면, 캘리그라프 타자기는 가장 돋보이는 추격자였다. 두 회사의 경쟁은 타자기 기술 발전을 촉진했을 뿐 아니라 타자기 시장 자체를 확장시켰다. 초기 타자기 산업은 미국·영국·독일 등 산업화가 궤도에 오른 국가들을 중심으로 성장했고, 시간이 지나며 제품은 보편화와 규격화를 향해 나아갔다. 특히 레밍턴 타자기와 언더우드 타자기 같은 미국의 대형 회사들은 인수·합병을 통해 규모의 경제를 달성했고, 그 결과 타자기는 점차 유사한 형태의 표준 모델로 수렴했다. 요컨대 1910년 이후는 혁신적 실험이 폭발하던 시기라기보다, 기존 모델을 개선하며 완성도를 높이는 단계에 가까웠다.

불편과 혁신의 반복

1880~1910년대는 타자기의 '혁신기'였다. 가격, 소문자 병기, 가시성(visible), 소음 제거, 휴대성 등 다양한 문제를 둘러싼 경쟁이 이어지면서, 이 시기에 제작된 타자기의 종류는 약 400여 종에 달했다는 주장도 있다. 하지만 1910년대 이후에는 1980년대 개인용 컴퓨터가 등장하기 전까지 약 70여 년 동안, 타자기 시장은 소수 브랜드가 지배하는 구조로 재편되었다.

많은 타자기 수집가들은 1910년 이전의 타자기에 주목한다. 태동기를 막 벗어난 타자기 산업은 표준이 아직 굳어지지 않았고, 그만큼 다양한 디자인과 구조가 실험되었다. 당대의 타자기는 단지 사무기기가 아니라, 기계적 상상력이 경합하던 기술 실험장이었다.

초기 타자기 발전 과정에서 첫 번째 경쟁 구도는 타입바(type-bar)와 타입휠(type-wheel)의 대결이었다. 타입바는 오늘날 우리가 떠올리는 타자기처럼, 각 키가 기다란 막대에 연결되고 그 끝에 글자가 달린 구조다. 반면 타입휠은 작은 원형 바퀴에 글자를 둘러 새겨 두고, 키를 누르면 바퀴가 회전해 해당 글자가 종이에 찍히는 방식이다. 타입휠 계열의 출발점으로는 1867년 존 프래트(John Pratt)의 프테로타입(pterotype)이 자주 언급된다. 다만 초기에는 작동이 느려 상업적으로 큰 성공을 거두지 못했고, 프래트는 이를 개선하기 위해 반복적으로 연구를 이어갔다.

이후 1881년 등장한 해몬드(Hammond) 타자기는 프래트의 타입휠을 제대로 발전시킨 제품으로 꼽힌다. 초기에는 프래트에게 특허 사용료를 지불하며 제품을 개선했고, 자판 배열도 한때 '이상적' 배열을 시도하다가 결국 QWERTY 기반의 '유니버설' 배열로 이동했다. 타입휠 방식은 휠을 교체하면 다양한 글씨체와 언어를 구현할 수 있다는 장점이 있었지만, 대중적 선호는 타입바 방식에 더 기울었다.

1882년 개발된 루시언 크랜달(Lucien Crandall)의 타자기 역시 타입휠 계열의 흐름을 잇는다. 크랜달은 타입휠 대신 타입 슬리브(type sleeve)라는 기둥형 구조에 글자를 배열했다. 타입휠이 한 줄에 3개 정도의 글자를 새기는 형태라면, 타입 슬리브는 한 줄에 7~8개의 글자를 새길 수 있었고, 따라서 동심원의 크기와 배열도 달라졌다.

두 번째 논쟁은 단순 자판이냐 더블 자판이냐의 문제였다. 초기 레밍턴 타자기는 대문자만 인쇄할 수 있었다. 그러나 소문자 사용 요구가 늘어나면서 1883년 캘리그라프는 대문자·소문자 자판을 모두 갖춘 더블 자판 구조를 개발했고, 스미스 프리미어와 요스트 등도 사무용 타자기에서 위쪽에 대문자, 아래쪽에 소문자를 배치하는 방식으로 최소 60개 이상의 자판을 구현했다. 이는 레밍턴 특허를 회피하기 위한 기술적 우회이기도 했다. 더블 자판의 장점은 글자가 비교적 큰 면적에 배치돼 초보자도 찾기 쉽다는 점, 그리고 글자의 인쇄 품질이 더 아름답다는 평가를 받았다는 점이다. 스미스 프리미어가 더블 자판의 대표 성공 사례로 자리 잡은 것도 이 때문이다. 그러나 레밍턴이 쉬프트(shift) 키를 활용해 하나의 자판에서 대·소문자를 전환하는 방식을 도입하면서 더블 자판 논쟁은 빠르게 힘을 잃었다. 아름다운 글자보다도 가격 경쟁력이 더 중요해졌다. 스미스 프리미어 역시 결국 쉬프트 키를 채택하게 된다.

다른 쟁점은 리본(ribbon)과 잉크 패드(ink pad) 사용이었다. 두 방식 모두 장단점이 있었다. 요스트와 캘리그라프는 리본을 제거하고 잉크 패드를 사용하는 방식을 택했다. 리본은 일정 시간이 지나면 잉크가 마르거나 뒤집힘 현상으로 인쇄가 불안정해지는 문제가 있었기 때문이다. 잉크 패드는 한 번 잉크를 보충하면 상당 기간 걱정 없이 문서를 작성할 수 있다는 장점이 있었다. 하지만 1896년 레밍턴이 리본을 자동으로 이동시키고 뒤집힘 없이 작동하도록 개선하는 기술을 개발하면서, 잉크 패드는 설 자리를 잃고 리본이 표준으로 자리 잡는다.

타자기의 가장 큰 혁신은 '보이지 않는 타이핑'의 한계를 해결한 것이다. 초기 타자기는 원통형 캐리지에 타입바를 배열하고 키보드를 누르면 타입바가 아래에서 위로 찍는 업스트라이크(up-strike) 방식이었다. 이 구조에서는 타자수가 자신이 친 글씨를 보려면 캐리지(carriage)를 들어 확인해야 했다. 반면 타입휠 방식에서는 비교적 쉽게 '보이는 타자기' 형태로 발전할 수 있었고, 실제로 초기부터 가시성 문제를 어느 정도 해결했다.

타입바 방식에서도 '보이는 타자기'의 시도는 이어졌다. 1894년 제작된 호튼(Horton) 타자기는 업스트라이크 대신 다운스트라이크(down-strike)를 도입했다. 법원 기자였던 에드워드 호튼(Edward E. Horton)은 속기사들이 글씨를 볼 수 없다는 문제를 해결하기 위해 타입바를 반원형으로 배치하고, 키를 누르면 위에서 아래로 내려찍히는 구조를 선택했다. 이후 피치(Fitch, 1886), 윌리엄스(Williams, 1890), 노스(North, 1892) 등은 종이를 말아 아래에 두고 위에서 타이핑이 이루어지도록 설계했으며, 올리버(Oliver, 1894), 바락(Bar-Lock, 1888) 등도 '보이는 타자기' 계열의 시도를 이어갔다.

1897년 언더우드는 프론트 스트라이크(front strike) 방식의 선두 주자로 '보이는 타자기' 혁신을 결정적으로 가속했다. 리본과 먹지 생산업체였던 언더우드는 타자기 시장에 진출하며, 글자가 타자수 앞쪽 실린더에 바로 찍히도록 설계했다. 그러면서 후발주자임에도 시장 점유율을 높여갔다. 레밍턴은 이러한 변화를 뒤늦게 감지해 1908년에야 보이는 타자기를 출시했고, 이후 미국 타자기 시장은 언더우드·레밍턴·스미스·로열 등이 과점하기 시작한다.

타자기 혁신은 '조용한 타자기' 개발로도 이어졌다. 타이핑시 발생하는 '탁탁' 소음을 줄이려는 시도가 계속되었기 때문이다. 초기에는 타자기 외부에 커다란 스폰지 박스를 달면서 소음을 줄이다가 점차 작은 힘으로도 타이핑이 되는 방식의 타자기로 발전한다. 1873년부터 1923년까지 약 50년 동안 쉬프트 키, 프론트 스트라이크, 가시성 개선, 저소음 설계 같은 발명들이 연속적으로 이어졌다.

에디슨과 타자기

미국 역사상 가장 위대한 발명가로 꼽히는 토마스 에디슨(1847~1931)은 장거리 전화, 축음기, 영사기, 전구, 전기 냉장고 등 수많은 혁신적 기술을 세상에 선보였다. 그러나 동시대에 등장한 가장 혁명적인 글쓰기 도구였던 타자기의 역사에서 에디슨의 존재감은 의외로 미미하다. 1892년 '에디슨 타자기(Edison typewriter)'라는 이름의 기계가 출시되기는 했지만, 이는 엄밀한 의미에서 타자기라기보다는 등사기(mimeograph)에 가까운 장치였다. 더구나 이 기계는 에디슨이 직접 발명한 것이 아니라, 그의 친구이자 사업 파트너였던 A. B. 딕(A. B. Dick)이 제작한 제품에 에디슨의 이름을 붙여 시장에 내놓은 것이었다.

이른바 에디슨 타자기는 출시 후 5년 만인 1897년에 생산이 중단되었다. 당시 판매 가격은 약 22달러였으나, 현재는 희소성으로 인해 한 대당 8천만 원을 훌쩍 넘는 고가에 거래된다. 국내에는 강릉의 참소리 에디슨 박물관에 에디슨 타자기 한 대가 전시되어 있다. 이처럼 상징적 가치를 지닌 기계가 짧은 생애를 마친 데에는 여러 이유가 있다. 무엇보다 가격에 비해 성능이 기대에 미치지 못했다는 점이 결정적이었다.

에디슨 타자기의 장점은 대문자, 소문자, 기호를 3열로 전환할 수 있도록 설계되었다는 점이었다. 그러나 이 기계는 일반적인 문서 작성용 타자기라기보다는 스텐실 제작에 적합한 도구였다.

이는 에디슨의 주된 관심사가 타자기 자체가 아니라 등사기였기 때문이다. 에디슨 타자기는 등사기에 사용하는 먹종이(stencil paper)에 글자를 뚫기 위한 입력 장치로 개발된 것이었다. 또한 키보드 방식이 아닌 인덱스 방식이어서 타자 속도가 느렸고, 타자수가 자신이 입력한 글자를 즉시 확인할 수 없다는 치명적인 단점도 있었다.

그러나 가장 큰 장애물은 성능보다도 유통망의 반발이었다. 기존 타자기 판매상들은 에디슨 타자기를 취급할 경우 에디슨의 등사기 판매를 보이콧하겠다고 압박했다. 심지어 A. B. 딕사가 생산 중단을 선언한 이후에도 일부 소매업자들은 재고를 남기지 말고 파괴할 것을 요구하기도 했다. 이러한 상황 속에서 '에디슨'이라는 강력한 브랜드에도 불구하고, 해당 타자기는 역사 속으로 빠르게 사라지게 되었다.

그렇다면 위대한 발명가 에디슨은 왜 타자기 발명에 적극적으로 참여하지 않았을까. 이에 대해서는 여러 해석이 존재하지만, 가장 널리 알려진 설명은 에디슨이 타자기의 구조를 지나치게 단순한 기술로 보았다는 점이다. 타자기는 누구나 모방할 수 있는 기계였고, 진정한 의미의 발명이라 부르기에는 진입 장벽이 낮다고 판단했다는 것이다. '발명가다운 발명'을 추구했던 에디슨에게 타자기는 매력적인 대상이 아니었다.

대신 에디슨의 관심은 전신(telegraph)과 축음기(phonograph)에 집중되어 있었다. 모스 부호를 활용한 전신 기술은 당시 가장 혁신적인 정보통신 기술 가운데 하나였다. 전신망이 구축되면서 먼 거리의 소식을 즉각 전달할 수 있게 되었고, 신문사들은 지방과 해외의 뉴스를 본사로 실시간 타전할 수 있었다. 특히 웨스턴 유니언(Western Union)과 같은 철도 회사들에게 전신 기술은 생명선과도 같았다. 19세기 중반까지만 해도 열차 간 충돌이나 추돌 사고는 빈번했지만, 전신을 통해 열차의 위치와 상태를 공유할 수 있게 되면서 사고는 크게 줄어들었다. 에디슨은 1870년대 웨스턴 유니언의 기술 자문으로 활동하며 이러한 전신 기술의 발전에 깊이 관여했다.

에디슨은 1875년 하나의 전선에서 송신과 수신을 동시에 수행할 수 있는 듀플렉스 전신기(duplex telegraph)를 발전시켰고, 나아가 하나의 전선에서 네 개의 신호를 동시에 송수신할 수 있는 쿼드러플렉스 전신기(quadruplex telegraph)를 발명했다. 이 기술은 이후 전화망의 확장에도 그대로 활용되어, 추가적인 전선 설치 없이 더 많은 통화를 가능하게 했다. 2018년 구글이 인공지능 대화 기술에 '듀플렉스(Duplex)'라는 이름을 붙인 것 역시, 이러한 에디슨의 발명을 연상시키는 명명이라 할 수 있다.

에디슨은 전신 기술을 단순히 빠르게 만드는 데 그치지 않고, 이를 보다 쉽게 사용할 수 있는 방향으로 발전시키고자 했다. 오토매틱 전신(automatic telegraphy)은 기계가 종이에 점(dot)과

점선(dash) 형태의 구멍을 자동으로 뚫어 신호를 전송하고, 수신기가 이를 다시 모스 부호로 복원하는 시스템이다. 여기서 '오토매틱'은 인간을 배제한다는 의미가 아니라, 인간의 노동을 줄이고 효율을 높인다는 개념에 가까웠다. 에디슨의 오토매틱 전신 기술은 전송 속도를 높였을 뿐 아니라, 숙련되지 않은 사용자도 쉽게 사용할 수 있도록 함으로써 비용 절감 효과까지 가져왔다.

에디슨은 1871년 '타자기의 아버지'로 불리는 크리스토퍼 레이섬 숄스(Christopher Latham Sholes)와 만나기도 했다. 숄스는 에디슨이 자신의 타자기 아이디어를 차용할지 모른다는 경계심을 품으면서도, 타자기가 과연 상업적으로 성공할 수 있을지에 대해 에디슨의 의견을 듣고자 했다. 에디슨은 직접 나서기보다는 직원 D. H. 크레그(D. H. Craig)를 보내 숄스와 논의를 진행하게 했다. 크레그 역시 이미 숄스의 타자기와 유사한 글쓰기 기계를 구상하고 있었지만, 에디슨 자신은 여전히 타자기보다는 전신 인쇄 기술에 더 큰 관심을 두고 있었던 것으로 보인다.

흥미롭게도 1876년에 전시된 에디슨의 한 글쓰기 기계는 외형상으로 보면 마치 1940년대 타자기를 연상시킬 만큼 진보적인 구조를 갖추고 있었다. 그럼에도 에디슨에게 타자기는 중심 무대가 아닌 주변부 기술로 남았다. 이는 에디슨이 단순한 사무기계보다, 정보의 전달과 자동화라는 보다 근본적인 문제에 천착했던 발명가였음을 보여주는 대목이라 할 수 있다.

에디슨이 구상했던 '전신의 타자기화'는 1890년대의 휴즈 인쇄전신(Hughes Printing Telegraph)으로 이어지고, 20세기에는 수신된 메시지를 문자로 인쇄해 내는 텔레타이프(teletype) 기술로 발전한다. 말하자면, "멀리서 온 신호를 사람이 읽는 방식"에서 "기계가 곧바로 글씨로 찍어내는 방식"으로 통신의 형식이 바뀌는 과정에서, 에디슨의 발상은 간접적으로나마 타자기 발전에 중요한 연결 고리를 제공한 셈이다.

먹지와 리본

"어떻게 글자에 잉크를 묻힐 것인가"는 1867년 밀워키의 라섐 숄스(Latham Sholes)가 타자기를 처음 고안할 때부터 풀기 어려운 과제였다. 숄스는 해법을 당시 전보에 사용되던 먹지에서 찾았다. 즉, 먹지(carbon paper)를 사용해 종이에 글씨가 찍히도록 하는 방식이었다. 먹지는 약한 힘만으로도 흔적을 남길 수 있어, 초기 타자기 제작 과정에서 매우 실용적인 대안이었다.

먹지는 1806년 영국인 랄프 웨지우드(Ralph Wedgwood)가 특허를 신청하면서 세상에 알려졌다. 종이에 잉크를 묻혀 말린 뒤 그 위에 다른 종이를 올려, 잉크펜이 아니라 가벼운 금속펜으로도 글씨를 쓸 수 있게 한 것이다. 이는 시각장애인들이 잉크를 묻혀 글씨를 쓰기 어려웠던 현실을 고려해, 보다 간편한 기록 방식을 제공하려는 목적과도 맞닿아 있었다.

비슷한 시기, 이탈리아에서 초기 타자기를 만든 펠레그리노 투리(Pellegrino Turri) 역시 1808년 타자기를 위한 먹지(black paper)를 직접 만들어 사용했다. 투리 또한 시각장애인 친구 캐롤리나 판토니(Carolina Fantoni)를 위해 타자기를 만들었다. 그렇기에 웨지우드와 투리의 먹지 활용은 모두 시각장애인의 글쓰기 지원이라는 목적과 연결된다.

그러나 먹지의 시대는 오래가지 않았다. 1886년 테네시주 멤피스에 살던 조지 앤더스(George Anders)가 잉크를 묻힌 리본을 만들어 공급하기 시작했기 때문이다. 다만 오늘날처럼 나일론 리본이 아니라 면직물에 잉크를 묻힌 리본이었다. 면직물은 섬유 조직이 균일하지 않아 잉크 흡수량이 들쭉날쭉했고, 그 결과 어떤 글자는 진하게 찍히는 반면 어떤 글자는 흐리게 나타났다. 특히 E, M, A, O 같은 활자에서는 잉크가 획 주변으로 번져 글자가 뭉개지거나 식별이 어려운 경우도 종종 발생했다.

리본이 개발된 이후에도 먹지 방식의 타이핑은 계속되었다. 타이핑이란 기본적으로 한 장의 문서를 만드는 일이지만, 당시에는 복사기가 없었기 때문에 여러 장을 만들려면 처음부터 두 장 이상을 동시에 작성해야 했다. 따라서 먹지를 끼워 여러 장을 찍어내려면, 2~3번째 종이에도 글씨가 읽힐 만큼 손가락에 더 힘을 주어 타이핑해야 했다.

오늘날 이메일에서 수신자 외에 참조인을 CC로 표기하는 관행 역시 먹지 시대의 유산이다. CC는 carbon copy의 약자, 즉 먹지로 만든 복사본을 뜻한다. 원본은 직접 수신자에게 보내고, 먹지로 만든 복사본은 참조인에게 보낸다는 의미가 이메일 시대에는 1차 수신자와 2차 수신자의 구분으로 변주된 것이다.

0과 1의 생략

컴퓨터가 0과 1의 이진법으로 구성된다는 사실은 널리 알려져 있다. 그런데 아이러니하게도 컴퓨터의 원형으로 여겨지는 타자기에서는 아라비아 숫자 0과 1이 매우 늦게 자판에 도입되었다. 즉, 초기 타자기에는 0과 1이 없는 형태로 제작되었다. 가장 큰 이유는 제작 단가였다.

사무실용 타자기가 처음 판매되었을 때 가격은 성인 남성 월급의 3~6개월치에 해당할 만큼 고가였다. 특히 키보드 타자기처럼 키 하나가 기계적 부품과 직접 연결되는 구조에서는, 글자 하나를 줄이는 것만으로도 제작 단가를 낮출 수 있었다.

0과 1이 빠진 또 다른 이유는 대문자 O와 소문자 l로 대체가 가능했기 때문이다. 흥미롭게도 러시아에서 제작된 타자기에는 0과 1뿐 아니라 3도 없는 경우가 있었다. 1929년 러시아에서 제작된 야날리프(Yanalif) 타자기에는 라틴 자판이 도입되었는데, Z에 해당하는 러시아 문자가 3과 유사해 호환이 가능하다고 믿었기 때문이다. 이후 약 30년 동안 러시아 타자기에서는 0, 1, 3이 없는 형태가 유지되었다.

이런 이유로 초기 타자기로 작성된 문서에서는 아라비아 숫자 0과 대문자 O를 구별하기가 쉽지 않다. 초기에는 대문자만 사용하는 타자기가 일반적이었으나, 소문자의 필요성이 커지면서 대문자와 소문자를 모두 타자할 수 있는 기계를 만들기 위해서는 50개 이상의 자판이 요구되었다. 칼리그라프 타자기, 바락 타자기, 스미스 프리미어 타자기 등의 키보드에는 60개 이상의 글자가 배치되기도 했다. 이러한 넓은 자판의 불편함은 대문자와 소문자를 하나의 키로 처리하는 쉬프트키가 도입될 때까지 이어졌다.

반면 키보드를 사용하지 않는 인덱스(index) 타자기는 사정이 달랐다. 문자 하나가 늘어난다고 해서 비용이 크게 증가하지 않았기 때문에 0과 1은 물론, 대문자와 소문자 등도 비교적 자유롭게 구성할 수 있었다. 대표적으로 독일 AGE의 미농(Mignon) 타자기는 원하는 만큼 글자를 넣을 수 있었고, 미국의 심플렉스(Simplex) 타자기, 뉴 아메리칸 5(New American 5) 타자기, 피플스(Peoples) 타자기 같은 인덱스 타자기들 역시 글자 수 증가가 제작비에 치명적 부담이 되지 않았다.

@라는 기호

인터넷 시대에 이메일 주소에서 필수적으로 사용되는 @ 기호는 사실 타자기 시대인 1882년부터 자판에 등장했다. 미국에서는 흔히들 달팽이(snail), 한국에서는 골뱅이라고 부르는 @모양은 코끼리 상아, 원숭이 꼬리로도 불린다. @의 기호의 사용은 타자기 이전 이탈리아로 거슬러 올라간다. 약 500년 전 이탈리아 피렌체와 베니스의 은행 문서에서 이미 그 흔적이 보인다.

현재까지 알려진 가장 오래된 기록은 1536년 5월 4일 피렌체의 한 상인이 남긴 편지다(Willan, 2000). 그는 스페인 세비야에서 로마로 물건을 보내며, 항아리에 담긴 액체의 양을 표시하는 기호로 @를 사용했다. 당시 @는 항아리(amphora)라는 의미를 지닌 기호로, 중세 지중해 연안에서 곡물이나 액체의 분량을 측정하는 도구를 가리켰다고 한다. @는 대략 1배럴의 1/13에 해당하는 양을 지칭했다.

16세기 말 스페인에서는 @를 아로바(arroba)로 읽으며 곡물 무게나 액체 부피를 재는 단위로 사용했다. 1@는 무게로 약 11.3kg, 부피로는 약 22.7리터에 해당한다. 이후 @는 북유럽으로 이어지는 무역로를 따라 확산되어 영국과 프랑스 등에 전해졌고, "~의 가격으로(at the price of)", "~의 속도로(at the rate of)"라는 의미로 사용되었다.

타자기 자판에 @가 등장한 것은 1882년 캘리그래프 모델 2부터다. 캘리그래프는 더블 키보드 형태로 대문자(검은 키)와 소문자(흰 키)를 함께 갖춘 구조였고, 자판에 여유가 있었던 것으로 보인다. 그래서 레밍턴이나 캘리그래프 모델 1에는 없던 @를 추가했다. 이후 일부 부기용 타자기(bookkeeping typewriter) 등에서 @가 사용되었고, 기존 타자기 사용자들이 자신의 기계에 @를 별도로 추가하기도 했다.

컴퓨터 시대에 들어 @는 다시 새로운 의미를 갖게 된다. 1971년 MIT 출신 레이 톰린슨(Ray Tomlinson)이 ARPANET 기반 이메일 시스템을 설계하면서 @가 본격적으로 사용되기 시작했다. 그는 @를 이용해 사용자 이름과 호스트 컴퓨터를 구분했고, 이를 통해 사용자는 호스트를 매개로 다른 컴퓨터와 메일을 주고받게 되었다. 그래서 톰린슨은 '이메일의 아버지'로도 불린다.

앞서 말했듯 cc는 carbon copy, 즉 먹지 복사본을 뜻한다. bcc는 blind carbon copy로, 수신자 목록이 다른 수신자에게 보이지 않도록 가리는 기능을 의미한다. 타자기 시대의 유산인 cc와 bcc는 @와 함께 이메일 시대에도 그대로 이어지고 있다.

소리대로 글자가 새겨진다면

요즘 AI 스피커는 일상 속에 자연스럽게 스며들었다. 말로 요청하면 검색 결과를 읽어 주고, 노래를 틀어 주며, 날씨와 일정까지 안내한다. 이러한 음성인식 기술이 대중적으로 각인된 계기는 2011년 10월 4일 아이폰 4s와 함께 발표된 시리(Siri)였다. 시리는 사용자의 음성을 텍스트로 변환해 주는 서비스로, 타이핑의 수고를 줄여 주었을 뿐 아니라 AI 스피커의 핵심 기반 기술로도 평가된다.

초기에는 짧은 명령어 수준의 음성만을 텍스트로 바꾸는 데 그쳤고 오류도 잦았지만, 기능이 고도화되면서 TV 자막을 자동으로 생성하는 일조차 어렵지 않게 되었다. 운전 중에도 음성으로 메모를 남길 수 있게 되면서, "손을 쓰지 않고도 글을 남긴다"는 경험은 더 이상 미래가 아니라 현재가 되었다. 그래서 사람들은 시리를 혁신으로 받아들인다.

그러나 이와 같은 시도는 타자기 역사에서 이미 100여 년 전에도 등장했다. 1916년 잡지 『The Electrical Experimenter』**에 실린 플라워스(Flowers)의 음성 타자(Phonoscribe) 기술이 대표적이다. 1916년 4월호에 소개된 이 장치는 뉴욕 브루클린 거주자 존 D. 플라워스(John D. Flowers)가 발명한 것으로, 소리를 문자로 전환하려는 초기 기술로 평가된다. 물론 당시 기술은 매우 초보적이었다. 무엇보다 사람의 발음은 개인차가 크기 때문에 이를 기계적으로 인식하는 일은 간단하지 않았다. 높은 음과 낮은 음의 구별이 쉽지 않았던 탓인지, 모음은 비교적 잘 인식되는 반면 자음 인식은 불안정했다. 게다가 나이와 성별에 따라 발음이 크게 달라지니, "기계가 인간의 말소리를 정확히 읽는다"는 목표에는 근원적 한계가 있었다. 플라워스는 뉴욕의 의과대학·심리학과, 그리고 언더우드 타자기 회사와 협업하여 남성 3명과 여성 1명의 음성을 기준으로 인식 장치를 완성했다고 전해진다.

하지만 기계가 '듣는 소리'와 사람이 실제로 발화하는 목소리 사이에는 큰 간극이 있었다. 사용자는 기계가 알아듣도록 발음을 '조정'해야 했고, 기계가 표기해 낸 글자를 다시 '해석'해야 했다. 언더우드 타자기의 재정적 후원이 있었음에도, 플라워스의 시도는 결국 상업화로 이어지지 못했다. 만약 이 음성 타자기가 안정적으로 작동해 보급되었다면, 비서로서 '타자수'의 의미는 크게 퇴색했을지도 모른다. 말을 그대로 문자로 바꿀 수 있다면 굳이 타자를 전담하는 직무가 필요 없기 때문이다. 더 나아가 전화 통화 내용을 곧바로 타자기로 연결해 기록하는 방식도 상상할 수 있었을 것이다.

흥미로운 점은, 축음기와 타자기가 거의 동시대의 산물이라는 사실이다. 레밍턴 타자기는 1874년, 에디슨의 축음기는 1877년 시장에 등장했다. 당시에는 소리를 재생하는 기계와 글을 찍는 기계가 같은 매대에 진열되기도 했다. 에디슨은 타자기의 구조가 단순해 누구나 모방할 수 있다고 보며 타자기 자체에는 회의적이었다고 알려져 있다. 그럼에도 그는 축음기와 문자 기술을 결합하려는 시도를 이어갔고, 그 결과물로 종종 언급되는 것이 텔레스크라이브(Telescribe)다. 텔레스크라이브는 전화선으로 전달되는 목소리를 어떤 방식으로든 '기록 가능한 기호'로 바꾸려는 발상 위에 놓여 있었다. 핵심은 "소리를 글로 옮긴다"는 목표가 이미 오래전부터 반복적으로 제기되어 왔다는 점이다.

20세기 후반 이 과제는 다시 부상한다. 1972년 IBM 연구자들은 음성 인식 연구를 재개했는데, 그들의 유명한 표어는 "더 많은 데이터만큼 좋은 데이터는 없다(There's no data like more data)"였다. 언어는 맥락, 관습, 상징을 이해해야 하는 복합 체계이지만, IBM은 이를 통계적 접근으로 풀고자 했다. 데이터 중심 알고리즘을 구축하고, 대규모 데이터와 학습을 통해 오차를 줄이며 패턴을 찾는 방식이다. 오늘날 시리나 구글 AI 스피커의 자연어 처리 기술은 바로 이러한 계보 위에 있다. 결국 오늘의 음성 인식은 어느 날 갑자기 '발명'된 것이 아니라, 적어도 100년 전 "말하는 대로 타자를 칠 수 있을까"라는 오래된 질문에서 출발해 축적된 시행착오의 산물이라 할 수 있다.

타자기의 여성 맞춤화와 국제화

조개껍질 안쪽의 빛나는 부분을 떼어 나무 상자 등에 붙이고 옻칠로 마감한 공예를 나전칠기라 부른다. 흥미롭게도 일본을 뜻하는 영어 'japan'은 한때 '옻칠한 장식품'을 의미하기도 했고, 옻칠하는 공정을 japanning이라 불렀다. 16세기 일본에 체류했던 유럽인들은 자개 장식을 특히 아름답다고 여겼다고 전해진다. 이탈리아에서는 옻 대신 검은색 라커(lacquer)를 사용해 검은 표면 위에 조개껍질로 문양을 새기는 장식 기법이 발달했고, 이런 장식은 가정용품 시장에서 큰 인기를 끌었다.

19세기에는 재봉틀 회사들이 앞다투어 화려한 장식 제품을 선보였는데, 1870년대 레밍턴은 재봉틀에서 사용하던 장식 방식을 타자기에도 적용했다. 즉 재봉틀 찬상(캐비닛)의 형태를 차용하고, 타자기 외면에 자개 장식을 덧붙였다. 크랜달(Crandall), 하모니아(Hammonia) 등은 더욱 화려한 장식으로 소비자를 매혹시켰으며, 특히 크랜달의 뉴 모델(New Model)은 "가장 아름다운 타자기"라는 찬사를 얻기도 했다.

재봉틀 제조사가 타자기 회사로 변신한 사실은 단지 외양에 자개 무늬를 사용했다는 차원을 넘어선다. 타자기 역시 점차 여성의 물품으로 인식되기 시작했음을 의미하기 때문이다. 여성 소비자의 취향 변화를 주의 깊게 관찰하던 재봉틀 업자들이 사업 영역을 타자기로 확장한 측면도 여기에 포함된다. 초기의 타자수는 남성이 많았고, "재봉틀이 여성의 바느질을 대체하듯 타자기는 남성의 펜글씨를 대체했다"고 말할 수도 있다. 그러나 시간이 지나며 타자기는 여성의 노동과 결합했고, 기계적 글쓰기는 성별의 표상을 약화시키는 방향으로 나아갔다. 키틀러(Kittler)가 말한 것처럼, 기계적 글쓰기는 일정한 의미에서 '탈성화'(脫性化)로 귀결된다.

타자기는 유럽에서 처음 구상되었지만, 상업적 성공은 미국에서 이루어졌다. 1890년대 미국에서 대량 생산된 타자기는 곧 유럽으로 수출되었다. 우선 영국 같은 영어권 국가로 확산되었고, 이어 독일·프랑스·이탈리아·스페인처럼 라틴 알파벳을 사용하지만 철자와 부호가 조금씩 다른 국가에는 그 언어에 맞게 활자(키 배열과 문자)를 수정한 모델이 수출되었다. 같은 브랜드명으로 판매되기도 했고, 현지화된 상품명으로 유통되기도 했다.

유럽 현지 생산도 활발했다. 예컨대 칼리그라프(Caligraph) 타자기는 1892년 독일에서 프리스터 앤 로스만(Frister & Rossmann)에 의해 생산되기 시작했다. 프리스터 앤 로스만은 1864년부터 베를린 일대에서 재봉틀을 만들던 회사였고, 기존 공장 설비를 활용해 비교적 큰 어려움 없이 타자기 생산으로 진출할 수 있었다. 이 과정에서 독일어에만 존재하는 ä, ü 같은 철자가 자판에 포함되었다. 프리스터 앤 로스만은 점차 기술력을 확보하면서 1912년에는 자체 기술로 프레스토(Presto), 센타(Senta) 같은 브랜드를 제작하기 시작한다.

스미스 프리미어(Smith Premier) 역시 독일어 활자를 갖춘 모델을 수출했다. 특히 스미스 프리미어 4는 1896~1901년 생산된 모델이므로, 미국 타자기가 20세기 이전부터 이미 독일 시장으로 수출되었음을 보여준다. 독일 현지 생산의 칼리그라프와 달리, 스미스 프리미어는 미국 뉴욕에서 생산된 뒤 수출된 제품이었다.

더 나아가 스미스 프리미어 10은 10개국 언어 버전으로 제작되었는데, 여기에는 한국어 타자기도 포함된다. 한글 타자기의 시초로 거론되는 이원익 타자기가 그것이다. 물론 이를 이원익 개인의 독자적 고안으로만 설명하고 싶지만, 일본어·러시아어·태국어 등 여러 언어 모델과 함께 제작되었다는 사실은 스미스 프리미어 회사가 한국어 사용 가능 인물(이원익)을 섭외해 한글 모델을 개발·출시했을 가능성이 크다는 점을 시사한다. 1914년 한글 타자기의 출현은 '한 개인의 발명'과 '글쓰기 기계의 세계화'가 만나는 지점에서 바라볼 필요가 있다.

03.

인덱스 타자기

흔히들 숄스를 근대 타자기의 아버지라고 부르지만, 비슷한 시기 다양한 타자기 개발자들이 존재했다. 다만 그 형태는 오늘날 우리가 익숙하게 떠올리는 키보드식 타자기가 아니라, 이른바 인덱스 타자기였다. 인덱스 타자기는 글자를 입력하는 수단으로 키보드를 사용하지 않고, 문자 목록이 배열된 인덱스 자판을 활용하는 방식이었다. 타이핑하고자 하는 글자를 인덱스 자판에서 선택한 뒤, 한두 개의 조작 키를 눌러 글자를 찍어내는 구조였다. 키의 수가 적은 만큼 제작 비용은 비교적 저렴했지만, 입력 과정이 번거로워 속도 면에서는 한계를 지닐 수밖에 없었다. 이 때문에 인덱스 타자기는 일상적인 문서 작성용이라기보다는, 손글씨 대신 간헐적으로 활자 문서가 필요한 경우에 주로 활용되었다.

인덱스 타자기의 시작

인덱스 타자기는 우리가 흔히 떠올리는 키보드 자판을 갖춘 타자기와는 완전히 다른 글쓰기 기계다. 키보드를 직접 두드리는 대신, 사용자는 문자들이 배열된 인덱스(index) 판 위에서 원하는 글자를 포인터로 지정한 뒤, 별도의 레버나 버튼을 눌러 종이에 활자를 찍는다. 다시 말해 인덱스 타자기는 '타이핑'보다는 '지목'과 '선택'에 가까운 방식으로 작동하는 타자기였다.

인덱스 타자기의 기원은 1880년대 초반으로 거슬러 올라간다. 현재까지 알려진 최초의 사례로는 미국의 홀 타자기(Hall typewriter, 1881)와 독일의 함모니아(Hammonia, 1883) 타자기가 꼽힌다. 키보드 타자기가 막 상용화되기 시작하던 시기에 등장한 이들 인덱스 타자기는, 복잡한 자판을 생략함으로써 제작 단가를 낮추려는 시도의 산물이었다.

당시 인덱스 타자기의 가격은 대체로 10~20달러 선이었으며, 홀 타자기는 비교적 고가인 30~40달러에 판매되었다. 이는 같은 시기 키보드 타자기의 대표주자였던 캘리그라프(Caligraph)가 60~70달러에 거래되었다는 점을 감안하면, 인덱스 타자기가 키보드 타자기의 절반 수준에서 판매되어 가격 경쟁력을 지니고 있었음을 의미한다.

그러나 19세기 말로 접어들면서 타자기 생산에 규모의 경제가 적용되기 시작하자 상황은 달라졌다. 키보드 타자기의 생산 단가가 점차 낮아지면서, 인덱스 타자기의 가장 큰 장점이었던 '저렴한 가격'은 더 이상 결정적인 경쟁력이 되지 못했다. 그 결과 인덱스 타자기는 시장에서 점차 설 자리를 잃어갔고, 결국 1달러 수준에 판매된 심플렉스(Simplex)와 같은 극단적으로 저가인 제품만이 명맥을 유지하게 된다.

느린 속도, 그러나 분명한 용도

인덱스 타자기의 가장 큰 단점은 속도였다. 비교적 빠르다고 평가받던 'American' 타자기조차 분당 30~40자 수준에 머물렀다. 이 때문에 인덱스 타자기는 사무실 업무용으로는 거의 활용되지 못했다. 대신 가정에서 간단한 편지나 소량의 문서를 정리할 때, 혹은 키보드 타자기를 구입하기 어려운 소규모 상점에서 제한적으로 사용되었다.

특히 심플렉스(Simplex)와 같은 제품은 어린이용 장난감이나 교육용 도구로 널리 보급되었다.

이들 제품은 타이핑 속도보다는 얼마나 더 저렴하게 만들 수 있는지가 핵심 관심사였다. 인덱스 타자기가 '사무기기'라기보다는 '간이 글쓰기 도구'로 자리 잡게 된 배경이기도 하다. 인덱스 타자기라고 해서 모두 같은 형태였던 것은 아니다. 먼저 인덱스의 모양이 각기 달랐다. 메리트(Merritt), 선(Sun), 오델(Odell)은 직선형 인덱스를, 빅터(Victor), 어메리칸(American), 글로브(Globe)는 반원형 인덱스를 채택했다. 포켓(Pocket)이나 비로타입(Virotype)은 원형판을, 홀(Hall)과 미농(Mignon)은 정사각형 인덱스를 사용했다. 어메리칸 비저블(American Visible)처럼 직사각형 인덱스를 갖춘 제품도 등장했다.

또한 실제로 종이에 활자를 찍는 구조 역시 제각각이었다. 반원형 실린더(World), 사각 프레임(Hall과 Morris), 일자형 바(Odell과 Merritt), 타입 휠(Victor와 Crown), 타입 기둥(Mignon) 등 다양한 인쇄 방식이 실험되었다. 인덱스 타자기는 그 자체로 '표준 없는 실험의 장'이었다고 할 수 있다.

인덱스의 판매 성과와 시장의 교훈

1892년 메리트(Merritt) 타자기의 광고는 명확한 타깃을 제시했다. 키보드 타자기를 구입하기 어려운 소규모 상점이 주요 고객이었다. 월드(World) 타자기는 비교적 성공적인 사례로, 1887년 2만 대가 팔렸고 1889년에는 5만 대, 1892년에는 누적 판매량이 10만 대를 넘어섰다.

오델(Odell) 타자기 역시 1891년에 5만 대가 판매되었으나, 경쟁 심화로 인해 1904년에는 판매량이 3만 대로 감소했다. 반면 독일의 미농(Mignon) 타자기는 상대적으로 빠른 속도를 앞세워 1904년부터 1932년까지 약 38만 대가 판매되며, 인덱스 타자기 가운데 가장 큰 성공을 거두었다.

타자기 이름	제작 연도	제조국	당시 가격
Universal	1882	미국	$ 1.50
Hall	1883-1888	미국	$ 30-40
Herrington	1886	미국	$5
Columbia	1886	미국	$30
Sun	1886-90	미국	$ 12
Ingersoll	1886	미국	$ 2.25
World	1887-1888	미국	$ 8
Odell	1887	미국	$ 15
Velograph	1887	스위스	
Crown	1888-1890	미국	$ 20
Morris	1888-1890	미국	$ 15
Victor	1889-1992	미국	$15
Merritt	1889-1893	미국	$ 15
American No. 1	1889	미국	$5
Simplex	1891	미국	$2.5
Dollar	1891	미국	$1
Edland	1892	미국	$5
Mignon	1901	독일	
Calissima	1934	독일	
Hogar	1921	스페인	

표 1 인덱스 타자기 목록과 당시 판매가격
출처: https://www.officemuseum.com/typewriters_index.htm

스위스 최초의 타자기로 알려진 벨로그라프(Velograph)는 1887년 제작된 원형 인덱스 타자기다. 제작자는 제네바에 거주하던 발명가 아돌프 이기스(Adolphe Eggis)로, 그는 카메라, 계산기, 자동 우표 인쇄기 등 다양한 기계를 개발한 인물이었다. 1888년부터 1929년까지 무려 27건 이상의 특허를 보유했던 다작의 발명가이기도 하다.

어니스트 마틴의 기록에 따르면 1886년까지 약 20종의 타자기가 존재했는데, 벨로그라프는 그

중 하나였다. 이 타자기는 이후 등장하는 유레카(Eureka) 등 여러 인덱스 타자기의 원형이 되었다. 'Velo(속도)'와 'Graph(글쓰기)'라는 이름이 암시하듯, 벨로그라프는 당대 기준에서 가능한 한 '빠른 글쓰기 기계'를 목표로 설계된 제품이었다.

미뇽(Mignon) 타자기

독일에서 개발된 미뇽 타자기는 인덱스 타자기 가운데 가장 많이 판매된 모델로 꼽힌다. 유럽에서만 약 35만 대가 팔렸으며, 1900년대 초부터 1930년대 중반까지 약 30여 년간 꾸준히 시장에 공급되었다. 이처럼 오랜 기간 판매된 덕분에, 인덱스 타자기 중에서는 비교적 많은 실물이 오늘날까지 남아 있으며 현재도 수집가 시장에서 활발한 거래가 이루지고 있다. 다만 모든 미뇽 타자기가 동일한 평가를 받는 것은 아니다.

가장 초기 모델인 미뇽 1 타자기은 약 100대 정도만 제작된 것으로 알려져 있는데, 현재는 단 한 대만이 실물로 확인된다. 두 번째 모델인 미뇽 2 타자기 역시 희소성이 높다. 특히 초기 3,000대가량 생산된 붉은색 미뇽 2 타자기는 현재 남아 있는 수량이 극히 제한적이다.

미뇽 타자기의 개발자는 베를린에 본사를 둔 알게마이너 전기조합(Allgemeine Electrizitäts-Gesellschaft, AEG)의 이사였던 프리드리히 폰 헤프너-알테넥(Friedrich von Hefner-Alteneck)으로 알려져 있다. 그는 전보 회사에서 일하며 모스 부호와 문자 기록 장치의 결합 가능성에 주목했고, 이 경험을 바탕으로 인덱스 방식의 타자기를 구상했다. 사업 다각화를 모색하던 그는 AEG를 설득해 타자기 제작에 착수하게 된다.

1901년에서 1902년 사이에 제작된 미뇽 1 타자기는 베를린의 루이스 젤(Louis Sell)이 보유한 특허를 기반으로 만들어졌다. 사각형 인덱스 카드에 알파벳과 숫자를 배열하고, 사용자가 바늘로 원하는 글자를 지정한 뒤 타입 실린더를 눌러 인쇄하는 방식이었다. 왼손으로 인덱스를 조작하고 오른손으로 인쇄를 담당하는 구조로, 당시로서는 비교적 직관적인 설계를 갖추고 있었다. 초기 생산량은 약 100대에 불과했지만, 미뇽 1 타자기는 인덱스 타자기 역시 충분한 시장성을 가질 수 있음을 보여준 사례였다.

1903년에는 미뇽 타자기의 본격적인 생산을 위해 독일에서는 타자기조합(Schreibmaschinen-Gesellschaft)이 설립되었고, 신문 광고를 통해 적극적인 홍보도 시작되었다. 하지만 미뇽 1 타자기는 신문광고 속 이미지로만 존재할 뿐, 실물은 발견되지 않았다. 그러다 1990년 동독 지역 에르푸르트(Erfurt)의 하이마트 박물관(Heimat museum)에서 실물이 확인되면서 존재가 입증되었다.

미농 2 타자기는 1905년 시장에 출시되었다. 초기 3,000대는 붉은색 외관으로 제작되었으며, 이후에는 검은색 본체로 생산되었다. 이 모델부터는 잉크 롤러 대신 리본을 사용했고, 인덱스는 한 줄에 12자씩 7줄, 총 84자를 배치할 수 있도록 개선되었다. 오른쪽에는 소문자, 왼쪽에는 대문자를 배치해 활용성을 높였으며, 타입 실린더를 교체하면 외국어 인쇄도 가능했다. 이러한 유연성 덕분에 미농 2 타자기는 독일뿐 아니라 프랑스와 스페인 등지에서도 큰 인기를 끌었다. 프랑스에서는 니켈 소재의 종이 지지판이 장착된 모델이 판매되었는데, 현존 수량이 적어 희귀본으로 평가된다.

1913년경부터 제작된 미농 3타자기는 과도기적 모델에 해당한다. 시리얼 번호 기준 약 4만 4,000번에서 4만7,000번 사이의 약 3,000대가 생산되었다. 미농 3 타자기는 이전 모델보다 견고한 직사각형 본판을 채택해 사무실 환경에서도 사용할 수 있도록 개선되었으며, 바늘을 고정하는 장치가 추가되어 안정성이 높아졌다. 이어 1924년부터 판매된 미농 4 타자기에는 백스페이스(backspace) 기능이 도입되었고, 폭이 42cm에 달하는 특수형 모델이나 장애인을 위한 개량형 등 다양한 파생 모델도 등장했다.

미농은 1918년 미국에서 '유 에스(Yu Ess)'라는 이름으로 판매되었고, 프랑스에서는 스텔라(Stella), 이클립스(Eclipse), 헤디(Heady) 등의 이름으로 유통되었다. 이는 제1차 세계대전 패전 이후 독일 사회가 혼란에 빠지면서 지식재산권을 적극적으로 보호하기 어려웠던 상황과 맞물린 결과였다. 이탈리아에서 판매된 플루로타입(Plurotyp)은 성능이 개선된 모델로, 흔히 미농 5 타자기로 불리기도 한다. 1936년에는 체코에서 팁팁(Tip-Tip) 타자기라는 유사 제품이 등장했는데, 미농과 구조적으로 유사하면서도 독립적인 설계를 갖춘 타자기였다.

주니어(Junior)

'주니어'라는 이름의 타자기는 여러 국가에서 반복적으로 사용되었다. 키보드 타자기보다 작다는 의미이거나, 비교적 어린 사용자를 겨냥했다는 의미가 겹쳐 사용된 명칭이다. 대표적인 사례로는 미국의 막스(Marx)사가 제작한 장난감 타자기 '주니어'를 들 수 있다. 이 모델은 심플렉스 타자기와 유사한 구조를 갖고 있었으며, 독일에서는 GSN 게브뤼더(Gebrüder) 주니어 타자기가 제작되었다. 이들 제품은 원형 문자판을 돌려 인쇄하는 방식으로, 리본보다는 먹지를 사용하는 경우가 많았다. 기능적으로는 사무기기라기보다는 교육용 혹은 완구에 가까웠다.

덴마크에서도 1948년경 '주니어'라는 이름의 타자기가 제작되었다. 이는 장난감 회사 랑게스 레게퇴이(Langes Legetøj)가 생산한 제품으로, 이후 대형 장난감 회사 테크노(Tekno)와의 하청 계약을 통해 유통되었다. 나무 바닥 위에 원형 플라스틱 손잡이를 갖춘 이 타자기는 31개 내외의 부품으로 구성된 비교적 정교한 완구형 타자기였다. 대문자와 소문자, 숫자, 문장부호를 포함해 총 66자를 인쇄할 수 있었으며, 테크노 상표가 없는 점으로 미뤄 1948년 이전 제작된 것으로 추정된다.

함모니아(Hammonia)

함모니아는 독일에서 제작된 최초의 타자기로 평가받는다. 이름은 함부르크를 뜻하는 라틴어에서 유래했으며, 동시에 함부르크의 수호신을 의미하기도 한다. 이 타자기는 1882년 영국인 앤드루 핸슨(Andrew Hanson)에 의해 특허가 등록되었고, 1884년 독일의 재봉틀 제조사 굴 앤 하르베크(Guhl & Harbeck)에 의해 상업화되었다. 독일어뿐 아니라 영어 자판 모델도 제작되어 영국과 캐나다 등지로 수출되었다.

함모니아는 대문자만 인쇄할 수 있었으며, 먹지나 잉크 캡슐을 이용해 글자를 찍는 방식이었다. 당시 레밍턴 타자기가 500마르크에 판매되던 것과 달리, 함모니아는 45마르크 수준으로 책정되어 가격 경쟁력이 뛰어났다. 다만 조작 속도가 느려 대중적 성공을 거두지는 못했다. 이후 1888년에는 개선형 모델인 코스모폴리트(Kosmopolit)가 출시되었으며, 두 모델 모두 화려한 자개 장식으로 장식성이 뛰어난 타자기로 평가된다. 오늘날 함모니아는 희소성으로 인해 1,000만 원 이상에 거래되는 고가 수집품이 되었다.

04.

여성의 사회 진출과 타자기

영어 단어 타이프라이터(typewriter)는 활자를 찍는 기계라는 의미와 동시에 그 기계를 조작하는 사람, 즉 타자수를 함께 지칭하는 이중적 의미를 지닌다. 언뜻 성별을 드러내지 않는 이 용어와 달리, 20세기 이후 타자수라는 직업은 사실상 여성의 영역으로 굳어졌다. 이와 같은 역사적 맥락 속에서 데이비스(Davis)는 "여성의 자리는 바로 타자기 옆이다(Woman' s place is at the typewriter)" 라고 단언한다. 이 표현은 사무실에서 여성의 역할이 타자 업무로 한정되었음을 날카롭게 드러내는 동시에, 이전까지 남성이 독점하던 사무공간에 여성이 공식적으로 편입되기 시작했음을 상징적으로 보여준다. 다시 말해 타자기는 여성 노동을 주변화하는 장치이자, 동시에 여성이 사무실 노동자로 인정받는 계기를 제공한 이중적 매개물이었다.

여성의 사무실 첫 출근

미국의 남북전쟁(1861~1865)을 기점으로 미국 사회는 본격적으로 농업사회에서 공업사회로 이동하기 시작했다. 19세기 산업화는 값싼 상품을 대량으로 생산할 수 있게 만들었지만, 동시에 자영업자의 몰락을 불러왔다. 이전까지 자신의 가게나 농장을 운영하던 중산층 다수는 더 이상 독립적인 생계를 유지하기 어려워졌고, 대신 대규모 공장이나 회사의 '직원'으로 편입되기 시작했다.

기업의 규모가 커질수록 업무는 복잡해졌다. 장부와 계약서, 각종 문서를 체계적으로 관리할 사무직 인력에 대한 수요도 빠르게 증가했다. 그러나 남북전쟁 이전까지 미국의 사무실은 철저히 남성의 영역이었다. 사무직의 핵심 업무는 회계와 문서 정리였고, 이를 위해서는 부기(bookkeeping)에 대한 전문 교육이 필요했다. 부기는 학교 교육을 통해서나, 혹은 견습생으로 고용되어 오랜 시간 현장에서 배워야만 익힐 수 있는 기술이었다.

문서 정리 역시 쉬운 일이 아니었다. 계약서나 공문서를 작성하기 위해서는 읽기 쉽고 단정한 필체가 요구되었고, 법률사무소는 물론 일반 상점과 기업에서도 '글씨를 잘 쓰는 사람'은 중요한 인력이었다. 이처럼 사무실의 글쓰기와 기록 노동은 오랫동안 남성의 전유물로 인식되었다.

이 질서에 균열을 낸 것이 바로 타자기였다. 타자기가 여성의 경력에 결정적인 역할을 할 수 있으리라 가장 먼저 간파한 집단은 여성기독청년회(YWCA)였다. 이들은 1881년 여성 8명을 선발해 타이피스트로 훈련시켰고, 이들은 교육을 마치자마자 곧바로 취업에 성공했다. 변호사 사무실과 보험회사, 광고회사 등에서 구인 문의가 잇따랐다.

당시 여성 타이피스트의 주급은 10달러로, 일반 사무실 여성 직원의 평균 주급인 6달러와 비교하면 거의 두 배에 가까운 금액이었다. '타자만 칠 수 있으면 돈을 벌 수 있다'는 소문은 순식간에 퍼졌고, 미국 전역에서 타이핑을 배우려는 여성들이 도시로 몰려들기 시작했다. 이들은 타자 기술을 익혀 사무실에서 일하며 부모나 남편에게 경제적으로 의존하지 않는 삶을 꾸려갔다. 이러한 여성을 가리켜 당시에는 "타이프라이터 메이든(Typewriter Maiden)"이라는 말까지 등장했다.

통계는 이러한 변화를 분명하게 보여준다. 1870년대만 해도 타이피스트 가운데 여성의 비율은 4%에 불과했다. 그러나 1880년에는 40%로 급증했고, 1910년대에는 80.6%, 1930년대에는 95.6%에 이르렀다. 반대로 1870년대에 95.5%를 차지하던 남성 타이피스트의 비율은 점차 줄어들어, 1930년대에는 4.4%에 불과해졌다. 불과 반세기 만에 사무실의 성별 풍경이 완전히 뒤바뀐

것이다.

물론 모든 여성이 처음부터 타자를 능숙하게 친 것은 아니었다. 초기에는 '독수리 타법(Hunt and peck system)'이라 불리는 방식이 일반적이었다. 검지와 중지 등 두세 개의 손가락만 사용하는 방식으로, 속도에는 한계가 있었다. 손가락 전체를 사용하는 것이 바람직하다는 권고도 있었지만, 어릴 때부터 피아노를 배운 사람을 제외하면 이를 실천하기는 쉽지 않았다. 이에 레밍턴을 비롯한 타자기 회사들은 타자 속도 경연대회를 개최하며, 모든 손가락을 사용하는 타법을 적극적으로 장려하기도 했다.

타자기가 초래한 변화

타자기가 여성의 사회 진출을 촉진했다는 주장은 다소 과장처럼 들릴 수도 있다. 그러나 실제로 그 영향은 분명했다. 아마존의 나비 날갯짓이 토네이도의 방향을 바꾼다는 '나비 효과'처럼, 타자기 발명가들조차 예상하지 못했던 사회적 변화가 시작된 것이다.

19세기 미국 사회는 남성에게는 기회의 시대였지만, 여성에게는 그렇지 않았다. 상류층 가정에서 태어나 충분한 교육을 받은 여성은 예외적으로 교사나 의사, 변호사가 될 수 있었지만, 대다수 여성에게 허용된 선택지는 극히 제한적이었다. 교육 수준이 낮은 여성들은 식당이나 호텔의 종업원, 혹은 가정집 하녀로 일하는 것이 일반적이었다.

타자기는 이 흐름을 바꾸었다. 시골에 살던 여성들을 도시로 이끌었고, 여성들에게도 '중간층'으로 편입될 수 있는 통로를 제공했다. 물론 초기에는 중산층 이상의 가정에서 딸이나 아내가 남의 사무실에서 일하는 것을 달가워하지 않았다. 특히 기혼여성의 취업에 대한 거부감은 컸다. 실제로 1890년 백인 기혼 여성 가운데 직업을 가진 비율은 고작 3%에 불과했다. 반면 흑인 여성들은 결혼 여부와 관계없이 식당 종업원이나 가사 노동에 종사해야 하는 경우가 많았다.

그러나 이러한 인식은 오래가지 않았다. 점차 여성들은 사무실과 관공서에서 전문적인 역할을 맡기 시작했고, 단순한 타자 보조에서 비서와 행정 담당자로 이동했다. 타자기의 발명가 숄스는 1890년 사망하기 전, "타자기로 인해 여성들은 독립적인 생활을 할 수 있게 되었다"며, 특히 성실하게 일해온 여성들을 위해 기여했다는 사실에 큰 자부심을 느낀다고 말했다.

<표 2> 연도별 미국 사무직 근로자 및 교사, 간호사의 여성비율

연도	사무직 (%)	교사 (%)	간호사
1870	1,910 (2.3%)	84,548 (65.9%)	1,154 (95.8%)
1880	7,040 (4.4%)	153,373 (67.8%)	1,464 (95.2%)
1890	77,060 (16.4%)	244,467 (70.9%)	4,206 (91.8%)
1900	187,053 (25.4%)	325,485 (73.5%)	11,046 (93.6%)
1910	588,609 (34.2%)	478,027 (79.8%)	76,508 (92.9%)
1920	1,421,925 (45.7%)	639,241 (83.9%)	143,664 (96.3%)
1930	1,986,830 (49.4%)	860,278 (81.0%)	288,737 (98.1%)

출처: Davies(1982). Woman's place is at the typewriter

실제로 많은 여성들은 사무실 근무를 통해 승진의 기회를 얻었고, 일부는 남성의 전유물로 여겨졌던 중간관리자나 최고 경영직으로까지 나아갔다. 오늘날 여성이 의사, 변호사, 대학교수, 목사로 활동하는 것에 대한 사회적 거부감이 크게 줄어든 것 역시, 타자기를 치며 사무실에서 일하던 초기 여성들의 축적된 경험 덕분이라 할 수 있다. 그런 의미에서 여성들에게 '타이프라이터'라는 새로운 삶의 가능성을 열어준 타자기의 성과는 결코 과소평가할 수 없다.

타자기의 보급은 여성들이 사무직으로 대규모 진출할 수 있는 결정적 계기가 되었다. 기업의 입장에서 여성 노동력은 상대적으로 저렴했으며, 이는 곧 인건비 절감이라는 현실적인 이점으로 이어졌다. 그러나 이러한 변화는 동시에 남성 사무직에 비해 낮게 책정된 임금 체계와 위계 질서가 고착화되는 결과를 낳았다. 여성의 고용이 늘어났음에도 불구하고, 대우와 보상은 여전히 남성 중심으로 설계되어 있었던 것이다.

이 같은 문제의식 속에서 1904년 엘리스 디흘(Elise Diehl)은 속기사와 타자수 조합을 결성해 여성 노동자들의 집단적 목소리를 조직하기 시작했다. 당시 숙련된 여성 타자수의 주급은 20달러 수준이었던 반면, 남성은 30달러를 받는 경우가 흔했다. 임금 격차뿐만 아니라, 30분 남짓한 점심시간이나 휴가에서의 차별 등 열악한 근무 조건도 개선의 대상이었다. 이들은 단순한 사무 보조 인력이 아니라, 전문직 노동자로서 사회적 인정을 요구하며 노동 조건 전반에 문제를 제기했다.

타자기의 도입으로 여성들이 사무실에 첫발을 디딘 지 100여 년이 지난 오늘날, 미국 사회는 또 다른 변화를 맞이하고 있다. '아내보다 남편이 더 많은 소득을 벌어야 한다'는 오랜 사회적 편견은 점차 힘을 잃고 있다. 대신 어머니가 경제활동을 주도하고, 아버지가 육아를 담당하는 가정도 낯설지 않은 풍경이 되었다. 2013년 미국 인구조사국 자료에 따르면, 자녀가 있는 가정의 40.4%에서 아내가 남편보다 더 많은 소득을 벌거나, 여성이 단독으로 가계를 책임지고 있는 것으로 나타났다.

이러한 장기적 변화를 역사학자 대니얼 부어스틴(Daniel Boorstin)은 타자기의 사회적 의미와 연결시켜 설명한다. 그는 "타자기는 여성들에게 사회적으로 인정받을 수 있는 일자리를 제공함으로써, 여성들에게 직장 경력이라는 문을 열어주었고, 여성들을 부엌에서 바깥세상의 일로 이끌어냈다(bring women out of the kitchen into the world of affairs)"고 평가했다.

유럽에서의 여성의 사무직 진출

유럽에서 여성의 사무직 진출은 흔히 미국에 비해 늦었다고 평가된다. 실제로 통계만 놓고 보면, 유럽 주요 국가에서 여성들이 대규모로 사무실에 진입한 시점은 20세기 초반 이후였다. 그러나 이 '지연'은 유럽 사회가 오랫동안 유지해 온 가족 중심적 노동관, 교육 제도, 그리고 성별 분업 이데올로기의 산물이었다. 또한 이는 타자기 보급이 미국보다 20-30년 늦었음을 그대로 보여준다.

19세기 유럽의 사무실 역시 남성의 전문직 공간이었다. 즉, 사무실은 단지 행정과 관리가 이루어지는 장소가 아니라, 성별 권력과 사회적 위계가 조직적으로 작동하는 정치적 공간이라는 것이다. 회계, 기록, 행정 업무는 국가와 기업의 신뢰를 담보하는 핵심 기능으로 여겨졌고, 이는 곧 남성의 합리성과 책임감에 귀속되었다. 여성은 가정의 영역에 속한 존재로 간주되었으며, 글쓰기와 계산 능력은 있더라도 이를 공적 영역에서 활용하는 것은 부적절하다고 여겨졌다. 이러한 인식 속에서 여성의 사무직 진출은 기술적 필요성만으로는 설명되지 않는다. 오히려 타자기의 보급은 기존 질서를 직접적으로 흔들기보다는, 서서히 균열을 만들어내는 방식으로 작동했다.

타자기는 유럽 사회에서도 새로운 사무 기술로 등장했다. 독일, 프랑스, 영국, 네덜란드 등에서 타자기는 행정 효율성을 높이는 도구로 주목받았다. 손글씨 대신 규격화된 문서를 빠르게 생산할 수 있다는 점은 관공서와 기업 모두에게 매력적인 요소였다. 타자기의 의미는 단순한 속도 향상에 그치지 않았다. 타자기는 글쓰기의 성격 자체를 바꾸었다. 더 이상 글씨의 아름다움이나 필체의 권위는 중요하지 않았다. 중요한 것은 정확성과 반복 가능성, 그리고 기계 조작 능력이었다. 이는 오랜 교육과 숙련을 통해 형성되던 남성 중심의 글쓰기 권위를 약화시켰다.

이 지점에서 여성은 새로운 가능성의 주체로 등장한다. 타자기는 '손글씨를 잘 쓰는 사람'이 아니라 '기계를 다룰 수 있는 사람'을 필요로 했고, 이는 비교적 짧은 교육만으로도 습득 가능한 기술로 인식되었다. 여성은 이 틈새를 통해 사무실의 문턱을 넘기 시작했다. 독일과 네덜란드는 유럽 내에서도 여성 사무직 진출이 상대적으로 늦은 국가에 속한다. 19세기 말 독일에서는 여성 사무직 고용을 두고 "기초 없는 탑을 세우는 것과 같다"는 비유가 공공연히 사용되었다. 여성에게는 문서 작성의 기초가 없다는 인식이 강했기 때문이다.

그러나 타자기의 보급은 이러한 비판을 무력화시켰다. 손글씨 대신 타이핑이 표준이 되자, 여성의 '미숙한 필체'는 더 이상 문제가 되지 않았다. 세계 1차 대전은 이 변화를 가속화했다. 전쟁으로 남성 인력이 대거 전쟁터로 징집되면서, 여성은 사무실의 공백을 메우는 필수 인력이 되었다. 독일의 키틀러(Kittler)는 타자기의 보급과 함께 사무실에 등장한 여성 타자수에 주목한다. 단순한 부수적인 노동 인력의 충원이 아니라, 남성이 독점하던 문자 질서를 붕괴시킨 존재였다.

네덜란드의 경우도 유사하다. 1899년 여성 사무직 비율은 1.6%에 불과했지만, 타자기 보급과 함께 20세기 들어 급격히 증가했다. 1920년대에 이르면 여성은 더 이상 예외적인 존재가 아니라 사무실의 중요한 구성원이 되었다. 이 변화는 기술 도입과 사회적 필요, 그리고 여성 교육 확대가 결합된 결과였다.

프랑스와 영국에서는 '비서(secretary)'라는 직무를 중심으로 여성의 사무직 진출이 확산되었다. 비서는 단순히 문서를 작성하는 사람이 아니라, 상사의 일정을 관리하고 대외 소통을 담당하는 역할이었다. 이 직무는 점차 여성의 섬세함과 충실함에 적합한 일로 규정되었다. 이 과정에서 비서는 전문직으로 인정받기보다는, 남성 관리자에 종속된 보조 인력으로 자리 잡았다. 타자기와 전화, 속기술은 여성 비서의 필수 역량이 되었지만, 동시에 그들을 관리직과 분리하는 경계선이기도 했다. 여성은 사무실의 중심에 있었지만, 권력의 중심에는 도달하지 못했다.

연도별 네덜란드 사무직원의 남녀비율 변화 추이

연도	남성 (%)	여성 (%)	전체
1899	25,641 (98.4%)	410 (1.6%)	26,051 (100%)
1909	43,459 (91.1%)	4,234 (8.9%)	47,693 (100%)
1920	115,615 (75.8%)	36,825 (24.2%)	152,440 (100%)
1930	132,789 (73.5%)	47,855 (26.5%)	180,644 (100%)
1947	132,819 (61.9%)	84,272 (38.8%)	217,091 (100%)

출처: Haan, F. (1998). Gender and the politics of office work

유럽에서 사무직의 여성화는 여성의 사회 진출을 확대했지만, 동시에 새로운 형태의 위계를 만들어냈다는 평가다. 남성은 기획과 판단을 담당했고, 여성은 실행과 기록을 맡았다. 이는 사무실 내부에서 성별 분업을 고착화하는 결과를 낳았다. 여성의 임금은 남성보다 낮았고, 승진의 기회도 제한적이었다. 실제로 1913년 독일 여성의 임금수준은 남성의 47%에 불과했다. 또한 결혼은 종종 퇴직을 의미했으며, 기혼 여성의 사무직 근무는 사회적으로 탐탁지 않게 여겨졌다. 그럼에도 불구하고 여성들은 사무실에서 경제적 독립의 가능성을 발견했다. 이는 이전 세대에서는 상상하기 어려운 변화였다. 사무직 여성의 증가는 노동조합 내부에서도 긴장을 불러왔다. 남성 노동자들은 여성의 유입을 임금 하락의 원인으로 인식하기도 했다. 그 결과 여성은 노동조합 내에서 주변화되었고, 일부 국가는 여성 사무직 노동자들이 별도의 조직을 구성하게 되었다. 이 과정은 여성들이 스스로를 '임시 노동력'이 아니라 전문직 노동자로 인식하게 만드는 계기가 되었다. 타자기와 사무실은 억압의 공간이었지만, 동시에 여성 노동 의식이 형성되는 장소이기도 했다.

유럽 역시 가족 임금 이데올로기가 자리잡고 있었다. 남성의 임금은 가족을 부양하기에 충분해야 한다는 인식이 강했고, 여성의 임금은 부수적인 것으로 간주되었다. 이는 여성의 장기적 경력 형성을 어렵게 만들었다. 타자기는 이러한 이데올로기에 균열을 냈다. 여성은 더 이상 '부업'이 아니라, 사무실 운영에 필수적인 인력이 되었기 때문이다. 기술은 사회적 인식을 즉각 바꾸지는 못했지만, 변화의 조건을 만들어냈다.

타자기의 보급은 유럽 사무실의 풍경을 근본적으로 바꾸었다. 조용히 계산하던 남성 중심의 공간은, 키보드 소리가 울리는 다성적 공간으로 변했다. 여성은 이 공간에서 일하며 새로운 사회적 정체성을 형성했다. 비록 불완전하고 제한적이었지만, 사무직 여성의 증가는 이후 여성의 전문직 진출과 고등교육 확대, 그리고 젠더 평등 담론의 토대가 되었다. 사무실은 더 이상 남성만의 공간이 아니게 되었다.

유럽에서 타자기의 보급은 단순한 기술 확산의 역사가 아니다. 그것은 사무실이라는 공간을 재구성하고, 여성의 사회적 위치를 재배치한 조용한 혁명이었다. 타자기는 여성에게 완전한 평등을 보장하지는 못했지만, 적어도 문을 열었다. 그 문을 통과한 여성들은 이후 유럽 사회의 노동 질서와 성별 관계를 서서히 바꾸어 나갔다.

사무직의 여성화는 표면적으로는 여성의 사회 진출을 의미했지만, 그 내부에는 명확한 위계가 존재했다. 남성은 여전히 관리자, 감독자, 의사결정자의 위치를 차지했고, 여성은 그 결정을 문서로 옮기고 정리하는 역할에 머물렀다. 여성의 사무직 진출은 남성의 지위를 위협하기보다는, 한동안 남성의 권위를 유지하는 방식으로 작동했다. 이러한 '보이지 않는 경계'는 다시 한 세대가 지나면서 조금씩 무너지기 시작했다.

타자기와 한국 여성의 사무직 진출

2013년 12월, 국내 은행 역사상 처음으로 여성 은행장이 탄생했다. 여성이 은행의 최고 책임자 자리에 오른 것은 1899년 대한천일은행 설립 이후 114년 만의 일이었다. 금융권은 물론 일반 기업에서도, 오너 일가 출신이 아닌 여성이 최고 경영자에 오르는 일은 여전히 드문 풍경이다. 더욱이 여성의 은행 행원 첫 입사로부터 약 60년이 지나서야 가능해진 변화라는 점에서, 이 사건은 한국 사회의 긴 시간적 간극을 상징적으로 보여준다.

1960년대 초, 정부는 값싼 노동력을 기반으로 한 수출 산업 육성에 나섰다. 가발·신발·의류 등 노동집약적 산업이 성장하면서, 농촌의 젊은 남녀들은 대거 도시로 이동했다. 1962년 244만 명이던 서울 인구는 1966년 379만 명으로, 불과 6년 만에 55%나 증가했다. 그러나 여성들의 도시 진입은 주로 음식점 종업원, 버스 안내원, 식모, 혹은 '여공'이라 불리던 공장 단순노동에 집중되어 있었다. 물론 일부 상류층 여성들은 고등교육을 받았지만, 1965년 기준 여성 대학 진학자는 초등학교 졸업 여성의 5% 수준에 불과했다.

국가 주도의 산업화와 도시화가 진전되면서 기업 규모는 커졌고, 효율적인 경영을 위해 사무직 인력에 대한 수요도 증가했다. 그러나 1960년대 초반까지 사무직은 여전히 남성의 영역이었다. 여성은 전화교환원이나 심부름을 담당하는 보조 인력에 머무는 경우가 대부분이었다. 이 시기 문서 작성과 정리를 위해 타자기가 본격적으로 보급되면서 상황이 달라지기 시작했다. 타자기는 여성들에게 힘든 공장 노동이 아닌, 상대적으로 안정적인 사무실 노동으로 이동할 수 있는 통로를 제공했다. 특히 여성 임금이 남성보다 낮다는 점은 기업 입장에서 매력적인 요소로 작용하며 '사무직의 여성화'를 촉진했다.

통계는 이러한 변화를 분명히 보여준다. 1955년 전체 사무직 가운데 여성의 비율은 6.6%에 불과했지만, 1960년에는 11.8%로 증가했다. 이 비율은 1980년대에 이르면 남성 사무직 근로자의 절반에 가까운 49.8%에 도달한다. 남성 100명당 여성 사무직의 비율은 1955년 이후 꾸준히 상승해 1995년에는 64.0%까지 높아졌다. 다만 외환위기 이후 남성 실업이 증가하면서 1998년에는 다시 46.9%로 하락하는 등 경제 환경의 영향을 받기도 했다.

1960년 기준 전체 여성 취업자 가운데 사무직 비율은 0.5%에 불과했으며, 대다수는 농림수산업과 판매직, 생산직에 종사하고 있었다. 그러나 1987년에는 여성 사무직 비율이 10.5%로 급증해, 불과 20여 년 만에 20배 이상의 성장을 보였다. 이들 여성 사무직 노동자의 대부분은 고졸 학력이었고, 부기와 타자 능력을 갖춘 이들이 주된 공급원이었다. 하지만 관리직으로의 진출은 극히 제한적이었다.

1980년대 여성 사무직의 주요 업무는 비서, 타자수, 경리·회계, 전화교환, 번역, 일반 사무 등이었다. 비서직에는 대졸 여성이 비교적 많았던 반면, 타자수는 고교나 전문대 졸업자가 다수를 차지했다. 또한 사무직 여성의 상당수는 20대 미혼으로, 결혼이나 임신을 계기로 퇴직하는 비율이 높았다. 1998년 기준 사무직 여성의 55%가 24세 미만이었고, 30세 미만으로 확대하면 78%에 달했다. 이는 남성 사무직과 뚜렷한 대조를 이룬다.

한국에서 여성의 사무직 진출은 미국과 유럽 국가들과 마찬가지로 타자기의 보급과 밀접하게 연결되어 있다. 1960년대에는 단지 기계의 확산만이 아니라, 여성 취업에 대한 사회적 인식에도 변화가 시작되었다. 초기 타자학원은 남성 수강생이 더 많았지만, 점차 민간 기업에서 여성 사무직의 길이 열리기 시작했다. 외국 유학 서류나 공문서는 손글씨가 인정되지 않았기 때문에, 타자기로 문서를 작성할 수 있는 인력이 필요했기 때문이다.

1969년에는 한 시중은행이 서울여자상업고등학교에 '타자를 정확하고 빠르게 치는 여학생' 50명의 추천을 요청하기도 했다. 이처럼 타이핑 능력은 여성들이 사무직에 진출하기 위한 핵심 조건으로 자리 잡았다. 기업의 수요가 증가하면서 타자기 교육도 활기를 띠었고, 여자상업고등학교는 물론 여자대학에 이르기까지 타자 교육의 인기는 빠르게 확산되었다. 같은 해 국내에 보급된 타자기는 약 4만 대에 달했으며, 군 관계자를 제외한 타이피스트의 약 80% 이상을 여성이 차지하고 있었다. 그러나 기업들이 '타자를 잘 친다'는 능력을 어떻게 객관적으로 평가할 것인가를 두고 혼란이 커지자, 문교부는 1970년 「타자능력검정시험규칙」을 공포하며 자격증 제도를 도입했다. 당시 한 신문은 "타자기가 관공서와 기업체에서 빼놓을 수 없는 필수품이 되었다"며, "'타이피스트'가 여성 직장 전선의 제일선 역할을 제공해주는 총아"라고 평가하기도 했다.

1960~70년대 타자기 보급의 확산은 분명 여성들의 사무직 진출을 크게 늘렸지만, 그 성과에는 한계도 존재했다. 다수의 여성들은 관리직으로 승진하기보다는 단순 문서 작업이나 업무 보조 역할에 머무는 경우가 많았다. 일부 유능한 여사원들이 관리직으로 전환되기도 했지만, 고졸 여성 사무직의 상당수는 반복적인 업무를 수행했다. 관리직은 여전히 남성 중심으로 운영되었고, 여성 관리자는 대체로 대졸자에 한정되어 선발되었다.

그럼에도 불구하고 타자기의 보급이 가져온 변화의 의미는 결코 작지 않았다. 여성들의 사무직 진출은 사회 전반에 뿌리 깊게 자리 잡고 있던 성별 역할에 대한 고정관념을 서서히 흔들었다. 이 시기 여성들의 대학 진학과 고등교육 참여가 늘어나면서, 여성들은 더 이상 남성 사무직의 잔심부름꾼에 머무르지 않고 전문 인력으로 자리매김할 가능성을 넓혀갔다. 타자기는 단순한 사무기기를 넘어, 여성들의 사회적 이동과 직업적 자립을 가능하게 한 중요한 매개였던 셈이다.

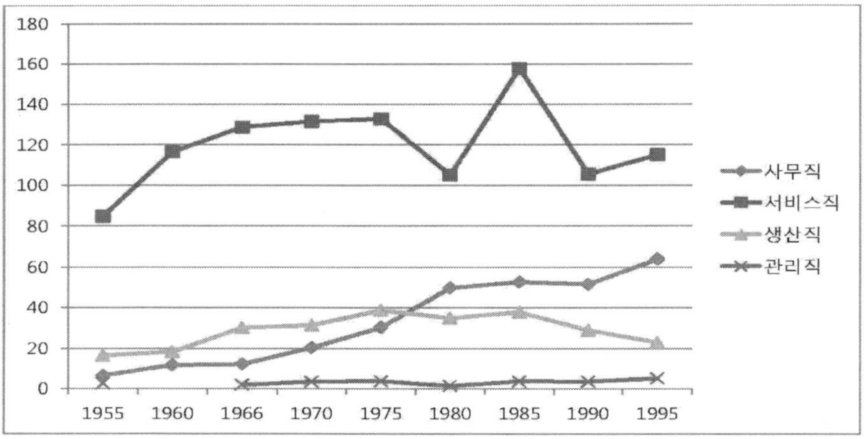

그림 2. 국내 직업별 여성 비율 변화추이, 1955-1995
(여성비율은 남성 100명당 여성수)
출처: 장하진·장미경·신경아·오정진(2001). 근로 여성 50년사의 정리와 평가

직장 여성에 대한 성적 판타지

초기 사무실에서 여성들은 타자기를 이용해 창의적인 글을 쓰기보다는, 상사가 불러주는 내용을 받아 적는 역할을 주로 맡았다. 타자기는 말의 속도를 따라갈 수 있을 만큼 빠른 기록을 가능하게 했지만, 그 효율성은 곧 역할의 한계를 규정하는 기준이 되기도 했다. 남성들은 이들을 동료 사무직원이라기보다 '타자수(typewriter)'로 불렀고, 여기에는 종합적 판단이나 기획 능력보다는 단순 반복 업무를 수행하는 존재라는 평가가 은근히 담겨 있었다.

그러나 여성 타자수들의 업무는 점차 확대되었다. 단순한 문서 입력을 넘어 사무실 내 잡무, 일정 관리, 대외 연락, 나아가 비서와 참모 역할까지 맡게 되면서 이들의 활동 반경은 눈에 띄게 넓어졌다. 남성 중심의 사무직 노동자를 가리키는 '화이트칼라(white collar)'에 대응해, 여성 사무직을 일컫는 '화이트 블라우스(white blouse)'라는 표현이 등장한 것도 이 무렵이다.

이들 여성은 반복적인 사무 노동 속에서도 공장 노동자들에 비해 상대적으로 쾌적한 환경에서 일한다는 자부심을 느꼈다. 성실하게 일하면 언젠가는 관리직이나 경영진으로 나아갈 수 있을 것이라는 기대도 품었다. 리처드 커런트는 『타자기와 그것을 만든 사람들(The Typewriter and the Men Who Made It)』에서 "어떤 발명품도 여성에게 이토록 넓고, 쉽게, 그리고 안정적으로 소득을 얻을 수 있는 기회를 제공한 적은 없었다"고 평가했다. 이러한 인식은 소설과 연극, 영화, 심지어 대중만화에까지 반영되었다. 1894년 그랜트 앨런의 소설 『타이프라이터 여성(The Type Writer Girl)』, 1910년 배리의 희곡 「The Twelve Pound Look」, 그리고 1947년 조지 시튼 감독의 영화 The Shocking Miss Pilgrim은 모두 여성 타자수를 시대의 상징적 존재로 그려낸 사례다.

하지만 타자기 보급과 여성 고용의 확대는 어두운 그림자도 함께 낳았다. 여성의 사회 진출 속도가 사회적 인식의 변화보다 앞서 나가면서, 성희롱과 성추행, 부적절한 관계가 빈번하게 발생했다. 일부 상사들은 공공연히 성적 농담을 던지거나 여성 비서를 사적 대상으로 여겼다. 『타자수협회지(Typewriter Trade Journal)』에 따르면, 19세기 말 고용주의 90% 이상이 여성을 선호했는데, 그 이유로 "예쁜 금발", "상냥함" 같은 외모와 성격을 언급하기도 했다. 이에 맞서 노동조합은 성적 괴롭힘에 대한 문제 제기와 근무 환경 개선을 요구하며 집단적 대응에 나섰다.

초기 여성 타자수는 남성들의 판파지로 성장했다. 단정한 복장, 규칙적인 출근, 상사와의 밀접한 물리적 거리, 젊은 미혼 여성이라는 조건은 소설·연극·잡지·광고 속에서 반복적으로 소비되었다. 미국에서는 1890년대부터 타자수를 주인공으로 한 통속 소설과 삽화가 유행했으며, 영국에서도 "office romance"는 하나의 고정된 서사로 자리 잡았다. 이 서사에서 타자수는 지적 노동자라기보다 순종적이고 매력적인 존재, 때로는 상사의 구애나 유혹을 기다리는 인물로 그려졌다. 여성 노동을 성적 대상화하고 위계화했기 때문이다.

미국과 영국의 사무직 채용 공고에는 남성지원자에게는 요구하지 않는 "젊은 여성(young woman)", "좋은 성격(good character)"와 같은 표현이 빈번히 등장했다. 일부 고용주는 타자수를 "회사 분위기를 밝게 만드는 존재"로 묘사하며, 외모와 젊음을 생산성의 일부로 간주했다. 이러한 관행은 여성 노동을 이중으로 평가하게 만들었다. 하나는 타이핑 속도와 정확성이라는 기술적 기준이고, 다른 하나는 성적 매력과 순응성이라는 비공식적 기준이었다.

미국과 영국의 사무실에서 성희롱과 성추행은 예외적 사건이 아니라 구조적 문제였다. 상사는 업무 지시라는 명목으로 신체적 접근을 하거나 사적인 질문을 던졌고, 농담과 암시는 일상적으로 허용되었다. 여성 타자수는 이를 문제 삼기 어려웠다. 항의는 곧 해고나 불이익으로 이어질 수 있었기 때문이다. 남성 직장상사와 사무실 여성과의 불륜은 남성들의 판타지로 이어졌다.

여성의 사회진출이 늘어나면서 전통적 성별 권력과 성적 통제가 조금씩 사라지기 시작했다. 타자수가 단순한 남성들의 보조원이 아니라, 숙련도 기술과 합리적 사고를 하는 존재임을 드러내기까지는 상당한 시간과 여성들의 묵묵한 투쟁이 빚어낸 결과이다. 물론 여성의 타자수 고용이 곧바로 사무직이나 경영진으로의 진출을 의미하지는 않았다. 여성의 임금은 남성의 25~50% 수준에 머물렀고, 경영진은 비용 절감 차원에서 여성 고용을 선호했다. 그 결과 여성 노동은 사무직뿐 아니라 공장 단순노무나 서비스업에 집중되었다 그럼에도 타자기는 여성들에게 결정적인 변화를 가져왔다. 교육 기회의 제약으로 손글씨에 자신이 없던 여성들도, 몇 주간의 타자 훈련만으로 남성과 큰 차이 없는 문서를 작성할 수 있게 되었기 때문이다.

타자기의 보급은 글쓰기의 기계화를 통해 '남성은 펜, 여성은 바느질'이라는 오랜 이분법을 흔들기 시작했다. 이는 단순한 기술의 도입을 넘어, 여성들이 사무실이라는 공적 공간에서 자신을 드러내고 새로운 정체성을 형성할 수 있게 한 중요한 계기였다. 타자기는 그렇게 여성들의 사회적 이동을 가능하게 한 조용하지만 강력한 매개체였다.

05.

전쟁과 휴대용 타자기

전쟁은 문명사의 흐름 속에서 종종 예기치 않은 기술적 도약을 낳아왔다. 타자기 역시 그러한 맥락에서 전쟁과 깊이 얽혀 성장해 온 기계다. 가장 대표적인 사례가 바로 최초의 상업적 타자기 회사로 알려진 레밍턴(Remington)이다. 레밍턴은 원래 미국 남북전쟁 시기 화약과 소총을 생산하던 군수업체였다. 전쟁이 끝난 뒤, 대량으로 축적된 생산 설비와 기술력을 바탕으로 이 회사는 민수용 기계 산업으로 눈을 돌리게 된다.

전후(戰後)에 많은 총기 제조사들이 타자기 생산으로 전환한 이유는 명확했다. 소총의 방아쇠 장치처럼 정밀한 금속 부품을 반복적으로 가공해야 하는 구조가 타자기의 메커니즘과 크게 다르지 않았기 때문이다. 이미 쇠를 다루는 기술과 공정 관리 능력을 확보한 군수업체들에게 타자기 키, 타입바, 키보드와 같은 부품을 제작하는 일은 새로운 도전이라기보다 기존 기술의 응용에 가까웠다.

무엇보다 전쟁을 통해 축적된 대량생산 경험은 타자기를 '실험적 발명품'에서 '보급 가능한 사무기기'로 끌어올리는 데 결정적인 역할을 했다. 총과 탄약을 찍어내던 공장은 전쟁이 끝난 뒤 문서를 찍어내는 기계로 변모했고, 전시(戰時)의 기술은 평시(平時)의 행정과 사무를 떠받치는 기반이 되었다. 이처럼 타자기의 확산은 단순한 사무기기의 등장이라기보다, 전쟁 산업이 민간 문명으로 전환되는 한 단면을 보여주는 사례라 할 수 있다.

전쟁 중의 타자기

타자기 제작사들은 몇 차례 전쟁을 거치며 다양한 변화를 경험했다. 전쟁이 발발하면 무엇보다 철을 다루는 산업 전반이 군수 체제로 재편되었다. 타자기 제조사들 역시 예외가 아니었다. 평시에는 사무용 기계를 생산하던 공장들이 전시에는 군수물품 생산공장으로 전환되면서, 타자기 생산량은 급격히 감소했다. 남아 있던 타자기 생산 설비조차 민간용이 아니라 군수 목적의 타자기나 관련 부품을 우선적으로 생산하도록 국가에 의해 동원되었다.

실제로 1914년부터 1918년까지 이어진 제1차 세계대전 기간 동안 유럽의 타자기 생산은 거의 중단되다시피 했다. 철을 가공할 수 있는 모든 공장들이 포탄과 총기, 군수 장비 생산에 투입되었기 때문이다. 반면 미국의 타자기 회사들은 일시적인 호황을 누리기도 했다. 미국의 1차 세계대전 참전이 1917년 4월로 비교적 늦었기 때문에, 그 이전까지는 정상적으로 타자기를 생산하며 전쟁으로 공급이 끊긴 유럽 시장을 대신 채울 수 있었기 때문이다. 이 과정에서 영국군은 미국에서 생산된 휴대용 코로나(Corona) 타자기를 실제 전쟁터에서 사용하기도 했다.

전쟁 수행에 필수적인 각종 군사 문서, 심지어 종전 선언과 같은 역사적 문서들 역시 미국에서 생산된 타자기로 작성되었다. 소련의 경우 전쟁 이전부터 미국산 타자기뿐 아니라 아들러(Adler), 메르세데스(Mercedes), 콘티넨탈(Continental) 등 독일산 타자기를 상당량 비축하고 있었으나, 전쟁이 장기화되면서 행정과 군사 문서 작성 수요가 폭증했다. 그 결과 타자기 부족 현상이 심화되었고, 타자기 가격이 급등하는 현상까지 나타났다.

제2차 세계대전에서도 상황은 크게 다르지 않았다. 미국과 독일의 거의 모든 타자기 회사들은 군수공장으로 전환되었고, 타자기 생산은 후순위로 밀려났다. 이들 공장에서는 타자기 대신 화약과 총기, 심지어 어뢰까지 생산했다. 특히 독일의 타자기 공장들은 연합군의 전략 폭격 대상이 되면서 대규모 파괴를 겪었고, 이는 유럽 전반의 타자기 생산 감소로 이어졌다.

미국의 군수 동원령 하에서 예외적으로 타자기 생산을 허가받은 곳은 우드스톡(Woodstock) 타자기 회사였다. 이 회사는 연간 1만 8,000대의 타자기를 생산할 수 있도록 정부의 허가를 받았다. 그럼에도 군용 타자기 수요를 충당하기에는 턱없이 부족했기 때문에, 미 당국은 민간에서 중고 타자기를 대규모로 수거했다. 약 65만 대에 달하는 중고 타자기가 모집되어 전선으로 보내졌다고 전해진다. 영국 역시 군수용 타자기 수요가 급증하자, 신규로 생산되는 타자기는 모두 군에 우선 배치되었고, 민간에서의 새 타자기 구매는 허가제로 제한되었다.

제2차 세계대전 기간 동안 유럽 전역에서는 군수 동원과 폭격으로 인한 공장 손실로 타자기 생산이 급감했다. 그 결과 상대적으로 피해가 적었던 미국산 타자기들이 유럽 전선의 군대에 대량 공급되었다. 그러나 전쟁의 위험은 물류에도 그대로 적용되었다. 로얄(Royal)과 언더우드(Underwood) 타자기 약 2만 대를 싣고 유럽으로 향하던 선박이 폭격을 받아 침몰하면서, 화물 전체가 손실되는 사건도 발생했다.

전쟁은 또 다른 형태의 타자기를 탄생시키기도 했다. 레밍턴 등 기존 타자기를 기반으로 한 암호 타자기의 개발이 그것이다. 암호 타자기는 전쟁 기간 동안 10만 대 이상 제작되어 각국 군대에 보급될 정도로 중요한 군수 장비가 되었다. 초기 암호 타자기는 일반 타자기와 다른 자판 배열을 채택해, 문서를 그대로 읽어서는 의미를 파악할 수 없도록 설계되었다. 그러나 동일한 자판 배열을 가진 암호 타자기로 해당 문서를 다시 입력하면 원문이 드러나는 방식이었다. 이처럼 타자기는 전쟁 속에서 단순한 문서 작성 도구를 넘어, 군사 전략과 정보 보호의 핵심 장비로 자리 잡게 되었다.

휴대용 타자기의 등장

초기 타자기는 부피가 크고 무거워 이동이 쉽지 않았다. 대부분 사무실 책상 위에 고정해 사용하거나, 재봉틀과 비슷한 형태의 받침대 위에 올려놓고 쓰는 방식이 일반적이었다. 이러한 불편을 해소하며 타자기의 사용 범위를 사무실 밖으로 확장시킨 제품이 바로 '브릭(Blick)'으로 불린 브릭켄스더퍼(Blickensderfer) 타자기였다.

흥미롭게도 브릭켄스더퍼는 타자기를 고안하는 초기 단계에서 타자기와 함께 암호 해독기(cipher)에 대한 특허도 함께 등록했다. 1900년 파리 만국박람회에 출품된 이 해독기는 동그란 원판을 가진 인덱스 방식의 타자기였다. 원판을 자유롭게 교체·조작할 수 있었기 때문에, 메시지를 작성하는 사람과 읽는 사람이 동일한 형태의 원판을 공유하고 있으면 두 사람만이 해독할 수 있는 비밀 메시지를 손쉽게 만들 수 있었다.

그러나 이 암호 해독기는 시장에서 큰 성공을 거두지 못했고, 오히려 같은 박람회에 함께 출품된 소형 타자기 브릭켄스더퍼 1이 큰 인기를 끌면서 '브릭'이라는 이름은 가볍고 휴대 가능한 타자기의 대명사로 자리 잡게 되었다. 조지 브릭켄스더퍼는 1889년 3벌식 자판을 적용한 타자기로 특허를 받은 뒤, 미국 코네티컷주 스탬퍼드에 공장을 설립하고 본격적인 양산에 들어갔다.

초기 모델들은 큰 주목을 받지 못했으나, 1893년에 출시된 모델 5는 선풍적인 인기를 끌었다. 브릭 타자기는 가운데 원통형 활자판이 회전하면서 인쇄되는 방식으로, 기존 타입바 방식과는 다른 구조를 갖고 있었다. 이러한 구조 덕분에 브릭켄스더퍼 타자기는 전쟁터를 누비는 종군기자들에게 특히 환영받았다. 전쟁 상황을 신속하게 기록해 후방의 국민들에게 전달하는 데 유용한 도구로 인정받았기 때문이다.

브릭켄스더퍼는 이후 지속적인 개량을 통해 1896년 모델 6, 1897년 모델 7, 1907년 모델 8, 1917년 모델 9를 차례로 출시했다. 다재다능한 발명가였던 브릭켄스더퍼는 1902년 전동 타자기를 개발해 최초로 사업화하기도 했지만, 당시 시장의 반응은 크지 않았다.

브릭켄스더퍼는 자신의 타자기를 '5파운드의 비서(The Five Pound Secretary)'라고 불렀지만, 실제 무게는 약 6.6파운드였다. 그럼에도 당시 기준으로는 매우 가벼운 편에 속했다. 활자 실린더는 지름 약 1.4인치, 길이 0.75인치에 불과한 소형 구조였다. 초기 자판은 아이디얼(ideal) 키보드를 사용했으나, 1910년 이후에는 보다 보편적인 유니버설 키보드로 전환되었다. 이러한 변화 속에서 브릭의 등장은 타자기를 사무실에 고정된 장비에서 벗어나, 가방이나 상자에 넣어 들고 다닐 수 있는 휴대용 생필품으로 인식하게 만든 결정적인 계기가 되었다. 그런 의미에서 브릭켄스더퍼는 본격적으로 '휴대'를 전제로 설계된 최초의 타자기라 할 수 있다.

특히 1910년대에는 알루미늄을 사용해 무게를 더욱 줄인 모델이 출시되었는데, 가벼움을 강조하기 위해 '새털무게의 브릭(Featherweight Blick)'이라는 이름으로 브릭켄스더퍼 6 모델이 판매되었다. 이 타자기는 프랑스에서는 닥타일(Dactyle)이라는 이름으로, 독일에서는 벨트블릭(Weltblick)이라는 상표로 판매되며 유럽에서도 큰 인기를 끌었다.

그러나 1917년 8월 브릭켄스더퍼가 갑작스럽게 사망하면서 회사는 혼란에 빠지게 된다. 제1차 세계대전 기간 동안 브릭켄스더퍼 회사는 기관총 부품 생산에도 참여했으나, 무리한 사업 확장의 후유증으로 결국 1921년 부도를 맞았다. 이후 회사는 레밍턴에 인수되었고, 레밍턴은 '레밍턴+브릭'을 뜻하는 렘-브릭(Rem-Blick)이라는 상표로 제품을 출시했다. 하지만 이는 시장에서 큰 성공을 거두지는 못했다.

로즈 타자기와 스탠다드 폴딩 타자기

브릭켄스더퍼가 휴대용 타자기 시장의 가능성을 열었다면, 그 결실을 본 회사는 L. C. 스미스 타자기 회사의 스미스 코로나 3(Smith Corona 3)라 할 수 있다. 그러나 코로나 3는 애초부터 L. C. 스미스의 발명품이 아니었다. 그 출발점에는 로즈 타자기(Rose typewriter)가 있었다.

뉴욕 브루클린에 살던 프랭크 로즈(Frank Rose)는 엔지니어로, 처음에는 타자기 수리업으로 생계를 이어갔다. 그는 현장에서 타자기의 구조와 약점을 누구보다 잘 이해하게 되었고, 마흔 살 무렵부터는 본격적으로 타자기 발명에 몰두했다. 결국 그는 40세의 나이에 미 특허청의 문을 두드리게 된다.

로즈가 처음 발명한 것은 타자기 본체가 아니라, 타자수가 원고나 메모를 보면서 타자를 칠 수 있도록 고안된 종이 받침대(Rose Universal Copy Holder)였다. 이는 단순한 부속품이었지만, 실제 사무 환경에서의 불편을 정확히 짚어낸 실용적 발명이었다. 이러한 경험을 바탕으로 로즈는 1903년 2월 새로운 타자기 설계에 착수했고, 이듬해인 1904년 3월 특허를 취득했다.

로즈는 월가 인사인 존 톰슨(John Thompson)의 소개로 투자자들을 만나 약 15만 달러의 자금을 모으는 데 성공했다. 이 자금을 기반으로 그는 로즈 타자기의 완제품 개발에 나섰고, 1907년 2월에는 본격적인 생산을 목표로 공장까지 설립했다. 그러나 평소 병약했던 로즈는 시제품이 완성되기 전에 세상을 떠났고, 결국 로즈 타자기 회사의 경영은 로즈가 아닌 해젠(Hazen)이 맡게 되었다.

로즈 타자기는 당시까지 축적된 여러 타자기 기술을 절묘하게 결합한 제품이었다. 구조는 단순화하면서도 내구성을 확보했고, 부품 수를 최소화해 고장 가능성을 줄였다. 동시에 무게를 줄여 휴대가 가능하도록 설계되었다는 점에서, 로즈 타자기는 숙련된 타자수뿐 아니라 초보자도 비교적 쉽게 배울 수 있는 기계로 평가받았다.

제품은 1908년에 이르러서야 본격적으로 시장에 출시되었다. 1906년에 제작된 견본품부터 시리얼 번호가 부여되었고, 1910년에는 5,570번에 도달했다. 이어 1910년 7월부터 1912년까지는 5,571번부터 19,999번까지의 시리얼 번호가 사용되었다. 같은 해 로즈 타자기 회사는 더 넓은 건물로 이전하면서 제품명을 '스탠다드 폴딩 비저블 타자기(Standard Folding Typebar Visible Typewriter)'로 바꾸어 생산을 이어갔다.

1909년에는 뉴욕 주 상원의원이었던 벤 콘거(Benn Conger)가 자신의 지인들과 함께 로즈 타자기의 특허권을 프랭크 로즈의 아들 조지 로즈(George Rose)로부터 15만 달러에 인수했다. 콘거는 이듬해 공장을 뉴욕 주 그로튼(Groton)으로 옮기고, 본격적으로 스탠다드 폴딩 타자기(Standard Folding Typewriter)를 제조하기 시작했다. 1910년에는 모델 2를 출시했으며, 약 1,000명의 지인들에게 주식을 판매해 추가로 10만 달러의 자금을 조달했다.

회사는 처음에는 주당 50대 생산을 목표로 출발했으나, 사업 확장을 통해 1912년에는 주당 400~500대를 생산하겠다는 야심 찬 계획을 세우게 된다. 직원이었던 오토 피터맨(Otto Petermann)이 차세대 기종인 스탠다드 폴딩 타자기 3의 설계를 마쳤을 무렵, 회사는 결국 L. C. 스미스 타자기 회사에 인수된다.

이 인수 이후 스탠다드 폴딩 타자기는 새로운 이름을 얻게 된다. 제품 전면에는 코로나 3(Corona 3)라는 명칭이 크게 들어가고, 한동안 작은 글씨로 'Standard Folding'이라는 이름이 병기되었다. 그러나 시간이 지나면서 '스탠다드 폴딩'이라는 이름은 완전히 사라지고, 코로나 3만이 휴대용 타자기의 대표 모델로 자리 잡게 된다.

언더우드의 변모

1910년대에 이르러 레밍턴의 최대 라이벌로 부상한 회사는 단연 언더우드(Underwood)였다. 그러나 언더우드는 처음부터 레밍턴의 경쟁자로 출발한 기업은 아니었다. 오히려 두 회사의 관계는 협력에서 시작되었다. 언더우드 가문은 1874년부터 타자기에 필요한 먹지(carbon paper)와 타자기 리본을 생산해 레밍턴 타자기에 공급해 왔다. 타자기의 핵심 소모품을 제공하는 파트너였던 셈이다.

균열은 1890년대에 들어 레밍턴이 타자기 리본을 자체 생산하기 시작하면서 생겼다. 이는 언더우드에게 치명적인 변화였다. 주력 제품이었던 리본 판매량이 급감했고, 기존 사업 모델은 더 이상 지속 가능하지 않게 되었다. 언더우드는 이 위기를 단순한 거래 단절로 받아들이기보다, 새로운 산업으로의 진입 기회로 전환했다. 1895년 언더우드는 독자적인 언더우드 타자기 회사를 설립하며 타자기 조립과 생산에 직접 뛰어들었다. 언더우드 타자기의 등장은, 협력 관계를 끊고 수직 계열화를 선택한 레밍턴의 전략에 대한 일종의 반작용이자 대응이었다.

타자기 시장 진입을 위해 언더우드가 선택한 방법은 기업 인수였다. 언더우드는 1895년 독일 출신 발명가 프란츠 와그너가 설립한 신생 기업, 와그너 타자기를 매입했다. 와그너의 설계를 바탕으로 한 모델이 곧 언더우드의 첫 타자기가 되었고, 1895년부터 1900년까지 생산된 언더우드 1과 언더우드 2는 실제로 '와그너 타자기'라는 제품명을 달고 판매되었다. 언더우드라는 브랜드는 아직 전면에 나서지 않았지만, 기술적 토대는 이 시기에 이미 마련되었다.

전환점은 1900년에 출시된 언더우드 5였다. 이 모델을 계기로 언더우드는 소비자들 사이에서 폭발적인 인기를 얻기 시작했다. 판매량은 가파르게 증가했고, 1920년까지 누적 판매 대수는 200만 대에 이르렀다. 당시 언더우드 5의 판매량은 경쟁사들의 타자기 판매량을 모두 합친 것과 맞먹을 정도였다. 코네티컷에 위치한 언더우드 공장에서는 매 분마다 한 대의 타자기가 생산될 만큼, 언더우드는 세계 최대이자 가장 유명한 타자기 제조사로 성장했다.

언더우드는 타자기에만 머무르지 않았다. 1910년에는 계산기 생산에도 진출했고, 사업 영역을 점차 확장해 나갔다. 1939년에는 누적 타자기 생산량이 500만 대를 돌파했다. 애틀랜틱 시티에는 당시 세계에서 가장 규모가 큰 타자기 공장을 건설하며, 언더우드는 명실상부한 글로벌 사무기기 기업으로 자리매김했다. 그러나 제2차 세계대전은 언더우드의 궤적을 크게 바꾸어 놓았다. 전쟁을 기점으로 언더우드의 타자기 산업은 점차 쇠락기에 접어들었다. 특히 전쟁 기간 동안 언더우드의 타자기 생산 라인은 군수 체제로 전환되어 M1 카빈 소총을 생산하는 공장으로 바뀌었다. 남북전쟁 시기 소총 회사였던 레밍턴이 전후 타자기 회사로 변신했다면, 타자기 회사였던 언더우드는 제2차 세계대전을 계기로 다시 군수 산업으로 회귀한 셈이다. 전쟁은 두 회사의 역할을 서로 교차시키는 아이러니한 결과를 낳았다.

전후 언더우드는 독립적인 회복에 성공하지 못했다. 결국 1959년, 언더우드는 이탈리아의 올리베티에 인수되었다. 미국의 올리베티-언더우드 공장에서는 주로 계산기가 생산되었고, 타자기 생산의 중심은 점차 유럽으로 이동했다. 스페인에서는 1980년대까지 '언더우드'라는 이름으로 타자기가 생산되었지만, 이는 이미 전성기의 언더우드와는 다른 모습이었다.

언더우드의 역사는 타자기 산업이 어떻게 성장하고, 전쟁과 산업 구조의 변화 속에서 어떻게 전환과 쇠퇴를 겪는지를 집약적으로 보여준다. 협력에서 경쟁으로, 사무기기에서 군수 산업으로, 그리고 다시 글로벌 자본에 편입되는 과정은 20세기 산업사의 축소판이라 할 만하다.

언더우드 타자기의 설립자인 존 토마스 언더우드(John Thomas Underwood)는 연세대의 전신인 연희전문대학 기반을 마련한 호레이스 그랜트 언더우드(Horace Grant Underwood) 선교사의 친형이다. 한국에서 선교사업을 하던 동생이 대학설립을 위해 자금 지원을 요청하자, 토마스는 당시 포도밭이 있던 연희동 일대 토지 매입에 필요한 자금 5만달러를 지원하였다.

에듀컨텐츠·휴피아
ECH Educontents·Huepia

06.

불편과 개선, 특허 분쟁

초기 타자기는 완성된 기계라기보다 끊임없이 개량되는 실험의 대상이었다. 자판의 배열, 활자의 움직임, 리본과 인쇄 방식, 글자가 보이는 구조 등 사용 과정에서 드러난 불편함은 곧 개선의 대상이 되었고, 이러한 개선은 하나의 기술로 정식화되어 특허로 등록되었다. 특허는 단순한 권리 보호를 넘어 제품의 차별적 장점이 되었고, 이는 곧 판매 경쟁력으로 이어졌다.

문제는 성공한 기술이 등장할수록 경쟁사들의 모방 시도가 뒤따랐다는 점이다. 새로운 구조나 장치가 시장에서 호평을 받으면 유사한 기능을 갖춘 제품들이 빠르게 등장했고, 이에 맞서 원 개발사는 특허 침해를 주장하며 소송을 제기했다. 이렇게 타자기 산업의 성장은 기술 혁신과 함께 특허 분쟁을 동반하는 과정이었으며, 제조사들 간의 경쟁은 공장 바깥의 법정에서도 치열하게 전개되었다.

보이는 타자기의 등장

초기 타자기 회사들이 공통적으로 안고 있던 가장 큰 불편함은, 타자수가 자신이 입력하고 있는 글씨를 실시간으로 확인할 수 없다는 점이었다. 당시 대부분의 타자기는 글자가 종이 아래쪽에서 위로 찍히는 업스트라이크(upstrike) 방식이었기 때문에, 타자를 치는 동안에는 결과를 볼 수 없었고, 캐리지를 들어 올려 확인해야만 했다. 이 오랜 숙제를 처음으로 본격적으로 해결하려 한 인물이 바로 존 뉴턴 윌리엄(John Newton Williams, 1840~1929)이다.

윌리엄의 핵심 아이디어는 종이를 평평하게 고정하는 대신 둥글게 말아 중앙에 배치하고, 타이핑이 진행될수록 종이가 조금씩 밖으로 나오도록 하는 방식이었다. 초기에는 레밍턴이나 칼리그라프처럼 앞쪽에 타입바를 배치했지만, 약 30개의 활자를 모두 수용하기에는 공간이 지나치게 협소했다. 이에 그는 타입바를 기계의 뒷면으로 옮기는 구조를 채택했다.

윌리엄의 타자기 모델 1~3은 대문자만을 사용하는 3열 자판 구조였으나, 모델 4부터는 시프트(shift) 기능이 도입되면서 4열 자판으로 확장되었다. 이 타자기는 자판을 누를 때 좌우에서 활자가 튀어나오는 모습이 마치 메뚜기의 다리처럼 보인다고 하여 '메뚜기 타자기(Grasshopper typewriter)'라는 별칭으로 불렸다. 1891년에 제작된 초기 모델의 하부 받침대에는 자개로 된 꽃무늬 장식이 더해져 있어, 기능성과 장식성을 동시에 추구한 흔적을 보여준다.

일부에서는 이 타자기가 뉴욕의 재봉기 제조사인 도메스틱 재봉기 회사(Domestic Sewing Machine Company)에서 제작되었다고 보기도 하지만, 이는 사실과 다르다. 도메스틱 재봉기는 1869년 오하이오주 노워크(Norwalk)에서 설립된 회사로, 윌리엄 A. 맥과 윌리엄 프랭크 맥 형제가 운영했다. 타자기의 이름인 'Williams'는 이들 형제의 성에서 비롯된 것으로 보는 편이 타당하다.

이후 등장한 피치(Fitch)나 노스(North) 타자기 역시 '어떻게 하면 타자수가 글씨를 보면서 쓸 수 있을까'라는 동일한 문제의식에서 출발했다. 그러나 이들 제품은 기껏해야 현재 타이핑 중인 한두 줄만 확인할 수 있었고, 이미 작성된 문장은 여전히 보이지 않는 구조적 한계를 지니고 있었다.

이 문제를 보다 근본적으로 해결한 것이 1891년에 제작된 도허티(Daugherty) 타자기였다. 도허티는 타입바를 수직이 아닌 수평으로 눕히는 방식을 도입해, 타자수가 글씨를 직접 내려다볼 수 있도록 했다. 이 구조는 이후 피츠버그(Pittsburgh) 타자기로 계승되었고, 1896년 시장에 등장한 언더우드(Underwood) 타자기에서 하나의 전형으로 완성된다. 언더우드는 눕힌 타입바의 길이를 줄이고, 약간 타원형으로 배열해 공간 활용도를 극대화했다. 이로써 '보이는 타자기'의 표준 형태가 확립되었고, 이후 수많은 타자기들이 이 구조를 따르게 된다.

비슷한 시기에 등장한 올리버(Oliver) 타자기 역시 보이는 타자기의 계열에 속한다. 1895년부터 생산된 올리버 타자기는 좌우에 박쥐의 날개처럼 벌어진 타원형 타입바를 배치한 독특한 외형을 지녔다. 디자인은 파격적이었지만, 타이핑하면서 글씨를 즉시 확인할 수 있다는 장점 덕분에 시장에서는 폭발적인 반응을 얻었다.

소리 없는 타자기

타자기를 칠 때마다 울려 퍼지는 '탁탁탁' 소리는 초기에는 당연한 부수 효과로 여겨졌다. 그러나 사무실 환경이 정착되고 타자기 사용 시간이 길어지면서, 이 소음은 점차 불편한 요소로 인식되기 시작했다. 이에 따라 타자기 소리를 줄이기 위한 다양한 시도가 이어졌다. 기존 기계에 스펀지나 완충 장치를 덧붙이는 방식은 마치 권총에 소음기를 장착하는 것과 같은 임시방편이었다.

보다 근본적인 해결책은 타입바를 '두드리는' 대신 '밀어내는' 방식, 즉 스러스트(thrust) 구조에서 나왔다. 이 방식의 원조는 1888년에 제작된 래피드(Rapid) 타자기다. 이후 웰링턴(Wellington, 1892), 포드(Ford, 1895), 그랜빌 오토매틱(Granville Automatic, 1896) 등이 잇달아 같은 구조를 채택했다. 이들 기계는 소음을 크게 줄였고, '노이즈리스(Noiseless) 타자기'라는 이름으로 시장에 소개되기 시작했다.

보스턴 출신의 윌리엄 파커 키더(William Parker Kidder)가 개발한 소음 없는 타자기 역시 완전히 새로운 발명이라기보다는 그랜빌 방식의 계승에 가까웠다. 여기서 '소음이 없다'는 표현은 문자 그대로의 무음이 아니라, 기존 타자기에 비해 소리가 현저히 줄었다는 의미였다. 키더는 프랭클린(Franklin)과 웰링턴 타자기를 거쳐, 1912년 50만 달러의 투자를 유치해 '노이즈리스'라는 이름의 타자기를 개발했다. 초기 모델들은 상업적으로 큰 성공을 거두지 못했으나, 1917년에 출시된 노이즈리스 4에 이르러서야 시장에서 그 가치를 인정받았다. 이 방식은 이후 독일에서 큰 인기를 끈 아들러(Adler) 타자기에도 그대로 응용되었다.

소음 감소 기술은 사무실 책상 위에서 사용할 수 있는 실용적 타자기로 발전하면서, 속도·휴대성·가시성·소음이라는 네 가지 요소를 동시에 충족하는 혁신으로 이어졌다. 초기의 밀치는 방식 타자기들은 인쇄가 흐릿하다는 단점이 있었으나, 웰링턴 타자기에서부터 이 문제가 점차 개선되었다.

1900년 무렵 레밍턴 타자기가 100달러에 판매되던 시기에, 웰링턴은 60달러라는 가격으로 경쟁력을 확보했다. 실제로 캐나다 퍼시픽 철도는 이 타자기를 60대나 구매하기도 했다. 반면 레밍턴과 언더우드는 스러스트 방식 자체에는 회의적이었고, 대신 소음을 줄이는 덮개를 장착하는 방식에 주력했다.

노이즈리스 계열 타자기는 1923년까지 모델 5에 이르렀으며, 1924년 레밍턴에 인수된 뒤 1925년부터는 레밍턴 브랜드로 생산되었다. 한편 언더우드와 아이디얼, 올림피아 등 일부 회사들은 타자기를 통째로 나무 방음 상자에 넣는 실험도 시도했지만, 이는 시장에서 큰 반향을 일으키지 못했다.

쉬프트(Shift) 키의 등장

최초의 타자기는 대문자만을 인쇄할 수 있도록 설계되어 있었다. 그러나 문서 작업이 늘어나고 문장의 표현이 다양해지면서, 대문자뿐 아니라 소문자에 대한 수요 역시 급격히 증가하였다. 이에 따라 초기 칼리그라프(Caligraph) 타자기는 알파벳 대문자와 소문자를 모두 자판 위에 배치하는 방식을 채택하였다. 초기 스미스 코로나(Smith Corona) 타자기 역시 가로 12개씩 6줄에 더해 4개의 단독 키가 이어진 구조를 갖고 있었는데, 이는 총 76개의 문자 자판을 의미한다.

이러한 흐름 속에서 레밍턴이 내놓은 가장 중요한 혁신 중 하나가 바로 쉬프트(Shift) 키의 도입이다. 기존에는 대문자만 사용할 수 있었던 타자기에 쉬프트 키를 결합함으로써, 하나의 자판에서 대문자와 소문자를 모두 인쇄할 수 있게 한 것이다. 1878년 출시된 레밍턴 2(Remington No.2)부터 등장한 쉬프트 키는, 타입바(type bar)를 조금 더 길게 제작하여 상단에는 대문자, 하단에는 소문자를 새겨 넣는 방식으로 구현되었다. 평소에는 소문자가 인쇄되고, 쉬프트 키를 누르면 타입바의 위치가 바뀌어 대문자가 찍히는 구조다. 이 방식은 흔히 더블 키보드 기계(double keyboard machines)라고도 불렸다.

당시 타자기 제작에서 가장 비용이 많이 드는 부품은 바로 타입바였다. 따라서 대문자용 타입바와 소문자용 타입바를 각각 따로 제작하는 대신, 하나의 타입바에 두 문자를 위아래로 배치하고 쉬프트 키로 이를 전환하는 방식은 획기적인 원가 절감 방안이었다. 제조사 입장에서는 생산 비용을 줄일 수 있었고, 소비자 입장에서는 더 저렴한 가격의 타자기를 구매할 수 있었다.

문서 작업을 하는 사용자에게도 이 변화는 큰 이점이었다. 70개가 넘는 자판이 흩어져 있는 복잡한 배열보다, 훨씬 적은 수의 키를 기억하면 되었기 때문에 자판 숙지가 쉬워졌고 타이핑 속도 역시 자연스럽게 향상되었다. 더불어 타자기의 전체 크기가 작아지면서 시각적으로도 간결하고 세련된 인상을 주었다. 결과적으로 쉬프트 키는 가격 경쟁력, 타자 속도, 디자인이라는 세 가지 요소를 동시에 충족시킨 발명이라 할 수 있다.

물론 대문자와 소문자를 모두 별도의 자판에 배치할 경우, 각 글자의 크기를 키울 수 있어 인쇄 품질이 더 아름답다는 평가를 받기도 했다. 그러나 그만큼 타입바의 수가 늘어나 제조 원가가 상승했고, 기계의 크기 또한 커질 수밖에 없었다. 반대로 타입바의 수를 줄이면 생산 비용을 낮출 수 있었고, 타자기를 더 작고 가볍게 만들 수 있었다. 이러한 이유로 시장의 선택은 점차 쉬프트 키 방식으로 기울게 된다.

다른 타자기 회사들 역시 대문자와 소문자를 병용하기 위한 다양한 방법을 고민했다. 예컨대 타입 휠(type wheel) 방식을 사용하는 해먼드(Hammond) 타자기의 경우, 대문자용과 소문자용 타입 휠을 따로 제작해 필요에 따라 교체하는 방식을 채택했다. 하지만 이 방식은 사용이 번거롭고 작업 흐름을 끊는 단점이 있었다.

결과적으로 시장에서 살아남은 것은 레밍턴의 쉬프트 키 방식이었다. 타입바 하나를 줄이는 것은 단순한 설계 변경을 넘어, 타자기 산업 전반의 비용 구조를 바꾸는 결정적 요인이었기 때문이다. 이후 대부분의 타자기들은 쉬프트 키를 기본 장치로 채택하게 되었고, 오늘날 컴퓨터 키보드에서 대문자와 소문자를 쉬프트 키로 전환하는 방식 역시 레밍턴 2에서 비롯된 유산이라 할 수 있다.

휴대용 타자기의 특허전쟁

특허(patent)는 새로운 혁신을 제도적으로 보호하기 위한 장치다. 기술력을 확보한 기업은 특허를 앞세워 시장을 선점하고 경쟁 우위를 유지한다. 반면 후발주자에게 특허는 산업 진입을 가로막는 높은 장벽이 된다. 이를 우회하거나 피해가기 위한 고민 속에서 새로운 아이디어와 또 다른 혁신이 탄생하기도 한다. 그러나 시간과 비용을 들여도 돌파구를 찾지 못할 경우, 기존 제품을 모방한 '카피(copy) 상품'이 시장에 등장하기도 한다. 스미스 코로나와 폭스(Fox) 타자기 사이의 휴대용 타자기 경쟁은 이러한 특허전쟁의 대표적인 사례다.

타자기를 휴대용으로 만들기 위해서는 무엇보다 가벼워야 했고, 동시에 부피도 작아야 했다. 기존의 표준 타자기들은 키보드뿐만 아니라, 타입바가 충돌하는 타자통(type platen)을 갖추고 있었기 때문에 일정한 크기를 유지할 수밖에 없었다. 타자통은 원통형 롤러(roller)로 종이를 감아 고정하는 장치로, 실린더(cylinder)라고도 불렸고, 일부에서는 망치(hammer)라는 표현을 사용하기도 했다. 이 구조 때문에 타자기의 외형은 거의 정육면체에 가까웠다.

이 문제를 해결한 인물이 바로 프랭크 로즈(Frank Rose)였다. 그는 뉴욕에 스탠다드 폴딩 타자기(Standard Folding Typewriter) 회사를 설립하고, 타자통 자체가 접히도록 설계한 혁신적인 구조를 선보였다. 이 타자기는 접으면 부피가 크게 줄어들어 휴대가 용이했고, 시장에서 큰 주목을 받았다. 그러나 이 핵심 특허는 1909년 스미스 코로나가 인수하게 되었고, 이를 바탕으로 1912년부터 스미스 코로나 3(Smith Corona 3)가 본격적으로 생산되기 시작했다.

스미스 코로나3 타자기가 시장에서 인기를 끌때에 폭스 타지기(Fox Typewriter)에서 거의 유사한 휴대용 타자기를 출시했다. 스미스 코로나3 타자기와 폭스 타자기의 외형과 크기는 거의 유사했다. 다만 폭스 타자기는 접히지 안았다. 폭스 타자기는 코로나의 핵심 특허를 정면으로 침해하기보다는, 특허를 회피하는 설계 전략을 택했다. 폭스는 타자기가 접히지 않도록 구조를 고정하는 대신, 타자통을 제거하거나 최소화하고 전체 무게를 줄여 '접히지 않지만 들고 다닐 수 있는' 타자기를 만들어냈다. 즉, 폭스는 휴대성의 원인을 접힘 구조가 아니라 경량화와 단순화에서 찾았고, 이를 통해 코로나 특허의 법적 범위를 벗어나려 했다.

두 회사는 결국 법원의 특허 침해 고소전을 벌이게 되었다. 양측의 갈등은 '휴대용 타자기란 무엇인가'라는 개념적 질문으로 수렴되었다. 코로나측은 휴대성은 접히는 기계 구조에서 비롯된다고 주장한 반면, 폭스측은 접힘은 하나의 방식일 뿐이며 휴대 가능성 자체가 본질이라고 맞섰다. 당시 미국 특허법이 기능보다는 구조의 차이를 중시했던 탓에, 폭스 타자기는 법적으로는 코로나의 특허를 침해하지 않은 것으로 간주되었다. 하지만 시장에서는 이미 스미스 코로나3의 완승이었다. 접히는 구조를 통해 크기와 보관 편의성을 동시에 확보한 코로나 3는 타자기 이용자인 기자들과 외부 출장 근무자, 군과 행정기관에서 폭넓게 사용되며 휴대용 타자기의 대명사가 되었기 때문이다.

한편 인덱스 타자기는 특히 독일에서 큰 인기를 끌었다. 인덱스 타자기는 타입바 방식에 비해 구조가 단순해 제조 원가가 낮았고, 가격 경쟁력에서 유리했다. 독일에서는 이러한 인덱스 타자기의 단점을 점진적으로 개선하면서, 속도 면에서는 타입바 방식에 미치지 못하더라도 사무실에서 실용적으로 사용할 수 있을 만큼 효율적인 모델들이 등장했다. 제니아투스(Geniatus)와 M/W 타자기가 그 대표적인 예다.

제1차 세계대전에서 독일이 패망하자, 승전국이었던 미국의 제조업자들은 독일 타자기 업체들이 전쟁과 혼란으로 제대로 대응하지 못하는 틈을 타, 독일 인덱스 타자기를 거의 그대로 모방한 제품들을 시장에 내놓기도 했다. 전쟁은 단지 국가 간의 충돌에 그치지 않고, 타자기 산업에서도 특허 질서와 기술 주도권을 재편하는 계기가 되었던 셈이다.

타자기 총판, 중고 시장과 렌탈 시장

19세기말 타자기 산업이 본격적으로 성장하면서 제조사와 소비자 사이를 연결하는 유통 구조 역시 빠르게 정비되었다. 초기 타자기 시장에서는 레밍턴(Remington), 칼리그라프(Caligraph), 언더우드(Underwood) 등 제조사가 직접 판매를 담당하는 경우가 많았다. 그러나 타자기의 종류가 급격히 늘어나고, 사무 환경에 따라 요구되는 기능이 달라지면서 여러 브랜드를 비교·선택할 수 있는 유통 채널의 필요성이 커졌다. 이 제조사와 소비자를 연결하는 타자기 총판(distributor) 회사들이 중요한 산업 주체로 등장했다. 이들은 단순한 중개상이 아니라, 타자기 시장의 표준화·확산·국제화를 이끈 핵심 인프라였다.

타자기는 고가의 정밀기계였기 때문에, 단순 판매만이 아니라 사용법 시연, 수리와 유지보수, 리본·종이 등 소모품 공급, 렌털과 중고 재판매까지 포괄하는 서비스 체계가 요구되었다. 그 대표적인 기업이 보스턴에 본사를 둔 웹스터(F.S Webster) 회사였다. 이 회사는 미국 내에서 타자기 총판의 전형을 보여주는 기업으로, 보스턴을 중심으로 뉴욕, 시카고, 피츠버그 등 주요 도시뿐만 아니라 영국 런던과 독일 베를린에도 지사를 두고 있었다. 이는 타자기 시장이 이미 국내를 넘어 국제적인 유통망을 형성하고 있었음을 보여주는 단적인 증거다. 또한 미국 타자기의 수출 창구 역할을 하면서, 유럽산 타자기의 수입망 역할도 하였다.

웹스터는 특정 제조사의 제품만을 취급하는 것이 아니라, 다양한 회사에서 생산된 여러 종류의 타자기를 한곳에서 판매했다. 소비자는 자신의 용도와 예산에 맞는 타자기를 비교·선택할 수 있었고, 이는 타자기 시장의 경쟁을 촉진하는 역할을 했다. 또한 이 회사는 타자기 본체뿐만 아니라 리본, 종이 등 타자기 사용에 필수적인 소모품까지 함께 공급함으로써, 사무 환경 전반을 책임지는 종합 유통업체의 성격을 띠었다. 이는 오늘날 전자제품 전문 유통점과 유사한 성격을 가졌다.

웹스터는 정기적으로 무역 카탈로그(trade catalog)를 발행했다. 이 카탈로그에는 각종 타자기의 사양, 가격, 장단점, 추천 용도 등이 상세히 실렸으며, 이는 단순한 광고를 넘어 사무기기 사용 가이드 역할을 했다. 카탈로그 판매는 지방 도시나 해외 고객에게도 타자기를 공급할 수 있는 효율적인 방식이었고, 타자기 시장의 전국화에 크게 기여했다.

총판 회사의 등장은 타자기 판매 시장을 안정시키는 동시에 중고 시장의 형성에도 영향을 미쳤다. 신제품 판매와 유지·보수, 소모품 공급이 하나의 유통 구조로 묶이면서, 사용이 끝난 타자기의 회수와 재판매가 자연스럽게 이루어질 수 있었기 때문이다. 타자기는 점차 일회성 소비재가 아니라, 순환 가능한 자산으로 인식되었고, 이러한 인식 변화는 이후 중고 타자기 시장이 자리 잡는 토대가 되었다. 결국 타자기 총판 회사의 등장은 단순한 판매 채널의 확대를 넘어, 타자기를 둘러싼 소비·유통·재사용의 생태계를 형성하는 중요한 계기였다고 할 수 있다.

타자기 역시 이러한 렌털 시장의 중요한 대상이었다. 타자기는 당시 기준으로 성인 남성의 약 세 달치 급여에 해당할 만큼 고가의 물품이었다. 회사나 관공서처럼 상시적으로 문서 작업이 이루어지는 조직에서는 높은 가격에도 불구하고 타자기를 직접 구입하는 것이 합리적인 선택이었지만, 단기간에 한시적으로 많은 서류를 정리해야 하는 개인이나 소규모 사업자에게는 구매가 큰 부담이었다.

바로 이 지점에서 타자기 렌털 시장이 형성되기 시작했다. 타자기 회사들은 단순히 제품을 판매하는 데 그치지 않고, 판매 부서와 함께 렌털 부서를 운영하며 새로운 수익 모델을 개척했다. 고객은 필요한 기간 동안 타자기를 빌려 사용할 수 있었고, 사용이 끝나면 반납함으로써 보관과 유지에 대한 부담을 덜 수 있었다. 타자기 렌털은 일시적인 문서 작업 수요를 충족시키는 합리적 대안이었으며, 동시에 타자기 보급을 촉진하는 중요한 통로 역할을 했다.

타자기 렌털은 오늘날 공유경제나 구독 서비스의 선구적 형태라 할 수 있다. 비록 '공유경제(Sharing economy)'라는 용어가 존재하지 않던 시기였지만, 고가의 기술 장비를 소유가 아닌 사용 중심으로 접근했던 타자기 렌털은 이미 근대 사무기기 소비문화 속에서 협력적 소비의 가능성을 실험하고 있었던 셈이다. 렌털 계약이 종료된 기기, 기업에서 교체된 기기, 수리 후 재사용 가능한 기기들이 총판을 통해 재유통되는 중고시장도 형성되었다.

중고시장의 성장은 타자기 소비의 문턱을 낮추는 효과를 가져왔다. 신제품을 구매하기 어려운 개인, 소규모 상점, 학생, 속기 연습생 등은 중고 타자기를 통해 비교적 저렴한 비용으로 타자기를 사용할 수 있었다. 특히 단기간 사용 목적이나 연습용 수요는 중고시장의 중요한 기반이 되었다. 이는 타자기를 특정 계층의 전유물이 아니라 보다 광범위한 사회적 도구로 확산시키는 역할을 했다.

전쟁과 경제 불황은 중고시장 확대를 더욱 가속화했다. 제1차 세계대전과 제2차 세계대전 기간 동안 타자기 생산이 급감하자, 기존에 사용되던 타자기의 재활용과 중고 거래는 필수가 되었다. 군과 행정기관은 민간에서 타자기를 회수하거나 중고품을 재정비해 사용했고, 전후에도 신규 생산이 정상화되기 전까지 중고 타자기는 중요한 대체재로 기능했다. 이 시기 중고 타자기는 단순히 값싼 선택지가 아니라, 현실적으로 가장 구할 수 있는 사무기기였다.

에듀컨텐츠·휴피아
Educontents·Huepia

07.

동양 3국의 타자기

한국과 일본, 일본 등의 동아시아에서는 수 천년 동안 한자(漢字)를 사용해 왔다. 한자는 글자 하나에 하나 이상의 의미를 답고 있다. 중국인들이 일상적으로 사용하는 한자만해도 6,000자가 넘는다. 동양에서는 이를 종이위에 붓으로 쓰는 방식으로 해결해왔다. 반면 서양의 문자는 알파벳을 바탕으로 하는 표음문자이다. 알파벳의 조합을 달리하면 글자 의미가 달라진다. 그렇기에 기계화된 글쓰기 방식인 타자기는 서양에서는 그 효용이 뛰어났지만 동아시아의 문자 체계와는 어울리지 않았다. 아니 동아시아의 문자를 기계화하는 것은 불가능한 영역으로 받아들여졌다. 20세기 초 일본과 중국에서는 영어와 프랑스어 등 외국어를 표기하기 위해 타자기를 사용했다. 그러다가 자국의 언어의 기계화를 고민하였다. 물론 성공보다는 좌절의 역사였다.

일본, 타자의 매력에 눈을 뜨다

19세기 일본인들이 서양의 타자기를 단순한 사무기계로 보지 않았다. 일본에 없는, 일본이 가야 할 방향인 '근대' 그 자체였다. 미국과 영국, 독일의 사무실에서는 키를 두드리기만 해도 문서가 일정한 글씨로, 빠른 속도로 쌓여갔다. 일본은 그 속도를 갖고 싶었다. 그러나 곧 알파벳이 아닌 일본어 가나(仮名, Kana)라는 현실이 가로막는다. 아라비아 숫자와 알파벳의 세계에서는 26개의 자판으로 충분하지만, 한자 문화권에서는 26개 자판은 너무 적다.

'메이지유신'으로 통칭되는 명치시대(明治時代) 외교관 야마시타 요시타로(山下芳太郎)는 이 문제를 다른 방식으로 돌파하려 했다. 한자를 포기하는 것이다. 그는 미국 언더우드 회사를 찾아가, 한자 대신 히라가나로 구성된 타자기를 주문한다. 요지는 분명했다. '기계화된 글쓰기'를 위해서는 일본어가 한자 중심의 문자 생활에서 벗어나야 한다는 주장이다. 하지만 그가 주문한 타자기가 일본에 도착하기 전에 야마시타가 세상을 떠나면서, 그의 구상은 외교관의 '가능성' 타진으로 그쳤다. 일본어의 기계화는 서양의 근대화로 가는 길이라는 믿음은 새로운 출발을 하게 된다. 한자 포기가 아니라, 한자를 줄여서 모두 활자로 만들자는 발상이다.

'키보드'가 아니라 '찾아서 찍는' 타자기

일본 생활에서 실제로 쓰이는 한자를 기계로 인쇄하겠다는 도전은 발명가 교타 스기모토(京太杉本, Kyota Sugimoto, 1882~1972)로부터 출발한다. 1882년 오카야마에서 태어난 그는 18세에 오사카의 전화기술자 양성소에서 직업교육을 받았고, 이후 도쿄에서 전화·전신 장치 발명 작업에 참여하며 기계에 익숙해졌다.

다이쇼(大正) 4년(1915), 스기모토는 인덱스 방식의 타자기를 발명한다. 당시 사람들이 서구의 "키보드 타자기"를 흉내내던 방식과는 정반대의 발상이었다. 그는 공문서에서 자주 쓰는 한자 2,400자를 먼저 추려, 커다란 직사각형 판 위에 배열했다. 사용자는 키를 마구 두드리는 대신, 원하는 글자를 '찾아' 위치를 맞춘 뒤 기계가 연결된 실린더를 통해 활자를 찍게 한다. 말하자면 타자기의 속도는 손가락의 민첩함보다, 눈과 손이 얼마나 빨리 글자를 "찾아내는가"에 달려 있었다. 타자기라기 보다는 글자를 찾아 심는 식자기(植字機) 형태이다.

1917년, 스기모토는 교토 출신 사업가 오오타니 진베(大谷仁兵衛)의 재정 후원을 받아 일본타자기(Nippon Typewriter) 회사를 설립한다. 이 기계는 '와문 타자기(邦文 タイプライター)'로 불렸고, 동아시아에서 본격적으로 상용화된 한자 타자기의 대표 모델로 자리 잡는다.

스기모토의 도전은 여기서 멈추지 않았다. 다이쇼 8년(1919)에는 영어와 일본어를 함께 사용할 수 있는 와문·구문(邦文·歐文) 병용 타자기를 개발해 시판한다. 일본이 근대적 행정과 무역, 기업 문서를 확장하던 시기에 "한 기계에서 일본어와 영어를 다룰 수 있다"는 것은 큰 매력이었다.

이 타자기의 또 다른 장점은 교체 가능한 활자판이었다. 기본 활자판에 없는 글자, 즉 희귀활자도 필요에 따라 인쇄할 수 있었다. 물론 26자로 구성된 서양 타자기에 비해 구조가 복잡한 만큼 가격도 높았지만, 관공서와 회사에서는 오히려 이런 복잡함이 '실무의 해법'으로 받아들여졌다.

다만 이 방식의 운명에는 아이러니가 있다. 한자를 "찾아서 찍는" 기계는, 워드프로세서가 등장하자마자 한 순간에 구식이 됐다. 1980년대 중반 워드프로세서가 유행하면서, 많은 스기모토식 타자기가 한순간에 퇴물이 되어 버렸고, 많은 스기모토 타자기는 폐기되었다.

그럼에도 스기모토 타자기는 일본 기계화에서 차지하고 있는 위치는 독보적이다. 스기모토는 일본의 10대 발명가 중 하나로 꼽히며, 1915년 일본에서, 이어 1916년에는 미국에서도 특허를 취득했다. 이 발명으로 그는 일본인으로서는 최초로 미국 특허를 받은 발명가가 되었다. 그의 타자기는 워드프로세서 이전까지 일본 정부와 대기업의 문서를 정리하는 중요한 도구로 쓰였다. 마이클 아들러(Michael Adler)는 1973년 저서에서, 스기모토의 방식이 일본뿐 아니라 중국·한국 등 다른 국가의 타자기·인쇄 기술에도 하나의 표본이 되었다고 평가할 정도였다. 스기모토는 쇼와 28년(1953)에 블루리본상을, 쇼와 40년(1965)에는 아사히 관련 상을 받았고, 1972년 쇼와 47년, 90세로 세상을 떠난다.

드럼 타자기의 등장

비슷한 시기, 유사쿠 시노자와((篠沢勇作)는 1918년에 드럼(Drum) 타자기를 발명한다. 커다란 드럼통에 활자를 배치해 회전시키는 방식인데, 이것이 1950년대 도시바(東芝) 타자기의 원형이 되었다고 알려져 있다. 도시바의 가나 타자기는 이후 한국에도 수입되어, 활자만 한글로 바꾼 채

사용되기도 했다. 한국에서는 이를 '공판형 타자기'라고 불렀다.

드럼 타자기의 특징은 무엇보다 휴대 가능성이었다. 사무실 바깥에서도 문서를 찍어낼 수 있다는 점은 전시에 특히 매력적이었다. 2차대전 당시 일본군이 드럼 타자기를 메고 공문서 작업을 했다는 이야기는, "타자기 = 사무실의 물건"이라는 상식을 뒤흔들어 놓았다. 훗날 도시바는 1978년 워드프로세서(JW-10)를 개발하면서, 전자문서 시대의 흐름에 올라탄다.

스기모토의 상용화에 재정적으로 힘을 보탰던 오오타니(大谷)의 이름을 딴 오오타니 타자기는 1922년에 만들어진다. 교토대학의 아오야기 에이지(青柳榮司) 교수의 협력을 얻어 기존 타자기를 개량했고, 스기모토식과 시노자와식의 특징을 동시에 갖춘 모델로 알려져 있다. 다이쇼 15년(1926) 무렵 개발·개선이 이어졌고, 쇼와 초반인 1928년경 본격적으로 판매되었다.

오오타니 타자기의 한 가지 특징은 글자 하나에 활자 하나를 붙이는 대신, 활자 막대기에 여러 글자(예: 20자)를 배열하는 방식으로 효율을 높였다는 점이다. 또한 원통형이 아니라 사각형 자판대를 이용해 타자할 수 있도록 해, 휴대용보다는 사무실용 기계로 적합했다. 스기모토 계열의 사업은 이후 1970년대 일본 레밍턴 회사에 흡수되었다. 이 회사는 레밍턴 랜드 계열(스퍼리랜드)과 미츠이의 합작 형태로 운영되다가, 이후 캐논의 타자기 사업부로 변경되는 등 기업 구조도 변화를 겪는다.

일본의 타자기 수출

1945년 일본은 태평양 전쟁에서 지게 되면서 미 군정의 지배를 받는다. 미군을 비롯한 유엔군이 일본에 상당수 주둔하면서 일본 사회는 다양한 서양 타자기를 일상적으로 접한다. 공문서가 영어로 작성되면서 자연스럽게 일본은 '영어 타자기'로 세계에 들어갔다. 처음에는 간단한 부품 수리와 생산부터 시작했지만, 전후 산업이 재편되며 일본은 점차 영어 타자기 제조 국가로 성장한다.

특히 한국전쟁 이후 특수와 산업 성장, 사무기기 수요 증가는 일본 타자기 산업에 강한 추진력이 된다. 일본 경제가 살아나고 사무실이 증가하면서 1955년부터 1967년까지 사무실 기기 수요가 무려 3000%가 넘게 성장했다. '사무실 기기'이 전후 경제성장의 심장부였음을 보여준다.

1950년대 일본 내 타자기 시장은 도시바가 주도했다. 도시바는 가타카나 타자기 중심으로 버

티면서도, 외국 업체들과의 경쟁 속에서 신제품 개발에 투자했고, 미국 회사들과의 합작을 통해 기술 기반을 확보하며 값싼 영문 타자기를 제작, 해외 수출에 나섰다. 1960년대 들어 일본 타자기는 '저렴한 가격'이라는 무기로 미국·유럽 시장을 두드린다. 특히 브라더(Brother) 타자기의 도약은 눈부셨다. 한 달에 3만 5000대를 수출했다.

휴대용 타자기 시장에서 일본 제품의 존재감은 빠르게 커져갔다. 수출량은 1962년 4만 8000대, 1963년 6만 2000대 수준에서 출발해, 1964년 31만 대, 1965년 57만 대, 1966년 69만 대로 급증했다는 흐름으로 제시된다. 금액 기준으로도 1962년 160만 달러에서 1966년 1,300만 달러 규모로 성장했다고 한다.

그러나 한계도 분명했다. 일본 타자기는 기계식·휴대용 시장에서는 강했지만, 전동·전자 타자기에서는 상대적으로 기술력이 뒤처졌고, 이 시장은 외국 업체들이 석권하게 된다. 1960년대 후반으로 갈수록 일본 업체들이 "가격과 품질 양쪽에서" 미국 업체를 감당하기 어려워졌다는 서술은, '싼값' 전략의 한계와 기술 전환의 압박을 동시에 보여준다. 토와(Towa Typewriter)는 일찌감치 영문 타자기를 제조, 수출하면서 브라더, 도시바와 함께 1960년대 미국 휴대용 타자기 시장에서 일본 타자기의 존재감을 키웠다.

중국의 뒤늦은 각성

알파벳 세계에서 타자기는 "키를 누르면 글자가 찍히는 기계"로 이해된다. 하지만 한자 문화권에서 타자기는 애초에 다른 질문에서 출발했다. 수천, 수만 개의 글자를 어떻게 기계 위에서 호출할 것인가. 한자를 타자기로 치겠다는 발상은 곧장 '키보드'라는 형식에 부딪혔다. 키의 수가, 글자의 수를 감당할 수 없었기 때문이다.

중국에서 그 고민이 기계로 모습을 드러낸 것은 19세기 말이다. 1899년, 중국에서 선교사로 활동하던 셔필드(D. Z. Sheffield) 목사는 외국인을 위한 중국어 타자기를 고안했다. 일본의 스기모토 타자기와 마찬가지로, 오늘날 우리가 떠올리는 키보드형 타자기가 아니라 인덱스 타자기였다.

당시 잡지 Scientific American(1899년 3월 6일 호)에 소개된 도안을 보면, 기계의 중심에는 거대한 원판이 있다. 원판 위에는 약 4,000자의 한자가 촘촘히 배열되어 있고, 사용자는 그 가운데 목표 글자를 찾아 눈금 바늘을 해당 글자 위치에 놓은 뒤 눌러 찍어낸다. 셔필드는 5만 자에 달하는 한자를 전부 올릴 수 없다는 현실을 인정하고, 그중 "자주 쓰는 글자" 4,000자를 추렸다. 중국어를 말하고 읽을 수는 있어도, 손으로 쓰는 데 큰 어려움을 겪던 외국인들에게 이 기계는 유용했다. 손글씨의 불안정함 없이, 깨끗한 인쇄와 일정한 가로·세로 간격으로 문장을 생산해낼 수 있었기 때문이다.

하지만 이 장점은 곧바로 치명적 단점과 맞닿는다. 4,000자의 위치를 몸으로 외우는 데만 몇 달이 걸릴 수 있었다. 타자기의 속도는 손가락이 아니라 '찾기'의 속도에 의해 결정되었다. 결국 셔필드의 기계는 흥미로운 발명으로 남았지만, 상업화에는 성공하지 못했다.

임어당의 야심

"중국을 근대화하려면, 중국어가 기계 위로 올라와야 한다"

중국어 타자기 이야기에서 가장 유명한 이름은 임어당(林語堂, Lin Yutang)이다. 1937년 미국에서 발간된 '생활의 발견(The Importance of Living)'이라는 책으로 베스트셀러 작가 명성을 얻은 임어당은, 자신이 책을 써서 번 돈을 타자기 개발에 쏟아부었다. 그에게 타자기는 단순한 사무 기계가 아니었다. 그것은 중국의 근대화를 가능하게 할 '언어 기반시설'이었다.

임어당은 중국의 전통문화가 중국 발전에 필수라고 믿었다. 동시에 그 전통이 근대화의 발목을 잡을 수도 있다는 사실 역시 잘 알고 있었다. 그가 보기에 중국어 타자기는 경제·행정·출판의 효율을 바꾸고, 더 나아가 남성 중심의 사회에서 여성의 사회 진출을 가능케 하는 도구가 될 수 있었다.

그는 아침 5시에 일어나 저녁 늦게까지 설계도를 바라봤다고 전해진다. 그리고 마침내 1946년 4월 17일, 미국 특허청에 특허신청서를 제출한다. 임어당의 구상은 "한자를 그대로 키로 만들 수 없다"는 현실에서 출발했다. 그래서 그는 한자를 구성하는 핵심 요소, 즉 자획(부수)을 먼저 타자 글쇠 위에 올렸다. 총 78개의 키에 자획을 배치하고, 별도로 7,000자의 한자가 들어 있는 6개의 원통형 문자판을 덧붙였다. 사용자는 자획을 조합해 범위를 좁히고, 화면(또는 표시창)에 뜨는 후보 중에서 해당 한자의 번호를 눌러 인쇄한다. 쉽게 말하면, '완성 글자를 직접 누르는' 방식이 아니라, 구성요소 → 후보 검색 → 번호 선택이라는 절차를 통해 한자를 불러오는 방식이다.

당시 뉴욕타임즈는 임어당의 타자기를 두고 중국의 사무·출판을 혁명적으로 발전시킬 발명품이라고 치켜세웠다. 임어당은 제조를 위해 한국 생산업체에 협력을 타진하기도 했으나, 해방 직후 한국의 사정은 녹록지 않았다. 원료와 기술의 부족, 불안정한 전기공급은 생산의 큰 장애였다.

임어당은 시제품을 만들어 레밍턴(Remington) 타자기 회사에서 시연도 했다. 뉴욕 자택에는 "1분에 50자 정도를 칠 수 있는" 명쾌타자기(明快打字機) 시제품이 있었고, 이를 보기 위해 사람들이 집을 찾았다는 일화도 전해진다. 명쾌타자기는 생각의 흐름이 끊기지 않는다는 의미를 담았다.

그러나 상업화의 문턱은 높았다. 임어당은 1948년 머젠트 할러(Mergent haler) 라이노타이프 회사와 계약을 맺고 생산을 추진했지만, 소매가격이 1,000달러를 넘어서면서 상품성은 급격히 떨어졌다. 임어당은 희망을 놓지 못하고 특허를 1달러의 로열티만 받고 넘기기까지 했으나, 회사는 결국 생산을 포기한다. 이후 중국 회사들은 일본 스기모토 방식의 타자기를 개량해 사용하는 선에서 만족해야 했다. 중국의 타자기 역사는 단순히 기술의 문제가 아니라 시장의 반응을 이끌어 내지 못했다는 한계에서 주저 앉은 셈이다.

3개의 벽에 부딪힌 조선의 타자기

구미에서 타자기 열풍이 불어오자 식민지 시대 조선에도 그 바람이 닿았다. 다만 조선에서 한글 타자기의 출발은 처음부터 순탄치 않았다. 한글은 한자와 함께 사용되었고, 글쓰기 관행은 세로쓰기였으며, 무엇보다 한글은 초성·중성·종성으로 이뤄진 문자 체계였다. 알파벳처럼 한 줄로 이어치면 끝나는 구조가 아니었다. 받침(종성)은 타자기의 사용을 근본적으로 가로막았다. 한자와 세로쓰기, 종성은 한글의 기계화를 가로막는 3개의 벽이 되었다.

최초의 한글 타자기는 1914년에 등장한다. 재미교포 이원익은 스미스 프리미어 10 타자기(Smith Premier 10 typewriter)의 활자를 한글로 개조해 한글 타자기를 만들었다. 이는 스미스 프리미어 회사의 자판 세계화와 맞물려 있다. 즉, 스미스 프리미어에서는 영어 외에도 스페인어, 독일어, 러시아어, 태국어 등 다른 나라에서도 타자기가 필요할 것이라는 믿음 아래 다양한 언어권 타자기를 만들고자 했다. 즉, 스미스 프리미어는 영어권 밖으로 타자기를 판매하기 위해 여러 언어로 개조 모델을 만들었고, 한국어 타자기도 그 목록에 포함되어 있었다.

스페인어나 독일어는 일부 자음만 교체하는 비교적 쉬운 작업이었다면 태국어와 한국어 자판은 조금 복잡했다. 다행히 스미스 프리미어 10 타자기의 자판은 위 아래 7줄, 좌우 12자를 배치하는 총 84자의 자판이 배치되어 있다. 이원익은 활자를 눕혀 세로쓰기 형식으로 썼고, 받침 있는 글자와 없는 글자를 따로 구분해 사용했다. 자판 수가 많았기에 가능했던 방식이다. 당시 일본의 식민지였던 조선의 언어가 일본어보다 먼저 기계화되었다는 것은 매우 이례적인 일이다.

타자기에는 제품명을 한글로 '스미트 프레미어- 글시쓰는 귀계', '뎨十호 Smith Premier Typewriter No.10'으로 적었다. 당시는 오른쪽에서 왼쪽 방향으로 세로쓰기가 사용되었던 시기였다. 그렇기에 키보드를 누르면 왼쪽으로 90도 눕혀진 글자가 타자되어 세로로 읽는 방식이었다. 자판 글자 수가 모두 84자였으므로 초성과 종성의 글자를 사용방식에 따라 다양하게 만들 수 있었다. 심지어 'ㅅ'은 4개나 되었다.

하지만 그만큼 기계는 무겁고, 휴대는 사실상 불가능했다. 사무실에서만 사용되었을 것으로 추정된다. 또한 자판 수가 많다는 것은 곧, 손가락이 움직여야 할 거리가 늘어난다는 뜻이기도 했다. 결과적으로 속도는 느릴 수밖에 없었다. 이원익의 타자기는 자판 모형이 동아일보에 소개되었지만 현재는 없는 것으로 알려졌다. 그러다가 최근 미국 뉴욕주 오논다가(Onondaga) 카운티의 역사 박물관에 1대가 보관되어 있는 것으로 확인됐다. 해당 박물관은 시라큐스 전역에서 생산된 타양한 타자기를 수집, 전시중이다. 아무래도 인근에 스미스 프리미어의 공장이 있었기에 관련 자료와 타자기 수집이 용이했을 것으로 추정된다.

'풀어쓰기'라는 우회로

연세대학교의 설립자인 언더우드 박사가 미국 타자기를 이용해 평소에는 영문을 사용하다 Shift를 누르면 한글이 인쇄되는 방식의 타자기를 만들었다는 기록도 있다. 다만 이는 개인적 필요에 의해 기존 영문 타자기를 개량한 사례였을 것으로 추정된다. 해당 타자기는 물론 존재하지 않는다.

1929년에는 연희전문대학 출신의 송기주씨가 해몬드(Hammond) 타자기에 한글 자음과 모음을 배치하는 방식으로 한글 타자기를 발명했다는 언론보도가 나온다. 1929년은 송기주가 미국 휴스턴대학을 졸업하고 시카고의 랜드 맥낼리(Land McNally)라는 지도회사에서 근무할 때였다.

해몬드 타자기는 반원(Semi-circle)모양의 C자형태 고무판에 활자를 배열하고 키보드를 누르면 활자가 회전하면서 찍히는 방식이었다. 그래서 알파벳대신 다양한 문자, 숫자 등의 고무판을 사용할 수 있었다. 해몬드 타자기를 이용한 송기주 타자기는 가로 풀어쓰기 형식이었다.

송기주는 연구를 발전시켜 1933년 언더우드 회사와 계약을 맺고 새 한글 타자기를 제작한다. 한글을 왼쪽으로 90도 눕힌 세로쓰기 방식으로 입력되는 구조였고, 국립한글박물관이 보유한 송기주 타자기가 바로 이 시기의 기계이다. 하지만 해당 타자기는 결정적 한계가 있었다. 받침을 처리할 수 없었던 것이다. 그래서 "대한민국"을 "ㄷㅐ ㅎㅏ ㄴ ㅁㅣ ㄴㄱㅜ ㄱ" 같은 형태로 입력하는 풀어쓰기 방식(초·중·종성을 따로)으로 쓸 수밖에 없었다. 의미는 전달되지만, 가독성은 떨어졌다.

가격도 커다란 장벽이었다. 당시 소설가 이광수 등 지식인들은 한글 타자기의 등장을 반겼지만 100달러에 달하는 기계를 사용할 수 있는 사람은 극히 제한적이었다. 송기주가 언더우드 회사에 특별주문해서 제작한 30대의 타자기는 해방이 될 때까지도 다 팔지 못했다고 한다. 미국의 영문 타자기의 기본틀에 한글자판을 덧붙이는 방식으로 시작된 한글 타자기는 한자에 대한 높은 선호도, 비싼 제작 가격 등으로 인해 성공적이지 못하였다. 1930년대 타자기 한 대 가격은 당시 가격으로 550원으로 오늘날 1,000만원이 넘는 비싼 장비였다.

더구나 모든 공문서는 한자를 사용하고 있어서 한글 타자기는 그리 중요하게 취급되지 못하였다. 그러다보니 1940년대 말까지 한글 타자기에 대한 수요가 적어, 미국에서 값비싸게 주문, 제작했어도 팔리지 못하였다. 한글타자기 보급의 정체는 무엇보다 초성과 중성, 종성으로 이뤄진 한글 표기법과 당시의 세로쓰기 및 한자어 표기 관행 등이 한글 타자기 발전의 발목을 잡고 있었기 때문이다. 그러다가 1948년 공병우 타자기가 만들어지면서 국내에서도 한글 타자기가 조금씩 사용되기 시작하였다.

공병우 타자기 등장과 보급

한글타자기의 대중화는 안과의사 공병익으로부터 시작된다. 공병익은 이원익 타자기와 송기주의 한글 타자기를 구입해, 분해하면서 타자기의 원리를 공부했다. 이들 타자기로 직접 타자를 해 본 뒤에 공병우는 손으로 쓰는 것보다는 빠르지만 영문 타자기 속도에 비하면 절반 정도라는 평가를 내렸다. 공병우는 가로 쓰기 타자기가 바람직하다고 여겼다. 초기 공병우 타자기는 3벌식으로 맨 위에는 초성이 둘째줄에는 중성이 마지막에는 종성을 위치시켰다. 하지만 초성과 중성, 종성을 모두 함께 쓸 수 없었기 때문에 풀어쓰기 방식을 이용할 수 밖에 없었다.

공병우의 풀어쓰기는 초성, 중성, 종성을 모두 풀어쓴 것이 아니라 초성과 중성은 붙여 쓰고 마지막 종성만 따로 이어지는 방식이었다. 하지만 종성이 따로 게재되면서 해독성에 문제를 일으켰다. 그래서 공병우는 이를 해결하기 위해 골몰했다. 그 해결방식으로 제시된 것이 바로 쌍초점방식이다. 즉, 초성과 중성으로 구성된 글씨는 그대로 쓰지만 종성이 있는 경우에는 활자가 이미 씌여진 초성과 중성 자리로 되돌아가서 타이핑을 한번 더 하는 방식이었다. 공병익은 이를 쌍초점 3벌식으로 명명짓었다. 그는 1949년 미국 특허청에 특허등록을 한 뒤에 언더우드 회사를 통해 시제품을 주문했다. 이후 미국 언더우드에 200벌의 타자기를 주문했으나 그 주문된 타자기가 도착하기전에 6.25 전쟁이 발발하면서 한글타자기의 보급은 유예되었다.

아이러니하게도 공병우 타자기의 진가는 6.25 전쟁에서 발휘되었다. 1953년 휴전협정을 맺으면서 정정협정문을 작성하는데 그 때에 공병우 타자기가 공식문서 작성에 사용되었다. 1차대전의 종식때 레밍턴 타자기가 사용되면서 레밍턴의 이름이 세상에 알려진 것처럼 공병우 타자기 존재가 사람들에게 각인되었다. 손 글씨보다 글씨 쓰는 속도가 빠른데다 네모반듯한 글씨가 가능하다는 것을 세상에 알리게 된 셈이다.

한글타자기는 군부대를 중심으로 보급되기 시작되었다. 군의 행정문서를 타자로 치기 위해 새롭게 창설되기도 했다. 그러나 한글전용의 타자기는 국한문혼용으로 인해 어려움을 겪기도 했다. 군에서도 여전히 국한문혼용이 사용되었다. 가령, 백선엽 육군참모총장이 1957년 한글 타자글씨 옆에 한자를 펜으로 작성해서 공문서를 작성하라고 지시하면서 타자기 효용성에 의문을 던지기도 했다. 이후 이승만 대통령이 국한문 혼용이 아닌 한글만 쓰도록 담화를 발표하면서 한글타자기는 다시 활력을 되찾았다.

1961년 군사쿠데타로 정권을 잡은 박정희 군사정권은 각 행정기관에서도 군처럼 공식문서를 타자기로 작성하라는 지시를 내린다. 내무부에서는 행정장비 근대화계획이라는 명분으로 각 시·군마다 한글타자기를 30대씩 구입해서 사용하라는 지시를 내리기도 했다. 그러면서 군 일부에서만 사용되었던 타자기가 점차 전국의 행정기관으로 보급되었다. 1965년까지 공병우 타자기는 약 3만대가 보급되었다.

당시에는 공병우 외에도 김동훈, 장봉선, 백성죽, 진윤권 등이 자신의 이름을 내건 타자기 회사를 설립, 타자기 시장 확대에 나섰다. 1949년 조선발명장려회 타자기 현상공모에서 5벌식 타자기를 제안했던 김동훈은 해방이후 타자기회사를 설립, 자신의 5벌식 타자기의 보급에 열성적이었다. 5벌식은 초성 자음+중성 모음+종성 자음+겹받침·특수 종성+자주 안쓰는 자음 혹은 부호 등으로 구성되었다. 1968년 기록에 의하면 당시 정부에서 사용중이던 11,163대의 타자기중 98%이상이 공병우 타자기와 김동훈 타자기였다. 공병우 타자기와 김동훈 타자기는 6대 4 정도로 타자기 시장을 양분하고 있었다. 공병우 타자기는 국방부와 내무부, 외무부, 체신부 등 속도를 중시하는 곳에서 주로 사용되는 반면, 김동훈 5벌식 타자기는 속도가 느려도 예쁜 글씨를 선호하는 사람들이 주로 사용했다.

3벌식 타자기와 5벌식 타자기의 경쟁은 사용자 인터페이스에 혼란을 일으켰다. 즉, 3벌식 타자기 사용자는 5벌식 타자기 사용에 어려움을, 역으로 5벌식 타자기 사용자는 3벌식 타자기에 어려움을 겪었다. 1969년 정부가 나서서 중재안을 마련했다. 4벌식 타자기였다. 정부는 공병우 타자기와 김동훈 타자기의 단점을 모아놓은 졸작이라는 비판에도 불구, 4벌식 타자기를 표준규격으로 강제했다. 1983년 정부가 4벌식 타자기를 중심으로 한 표준자판제도를 폐지하자 2벌식 타자기가 새로운 표준으로 제시되었다.

한글의 기계화 과정에서 주목해야 할 변화는 단지 자판 배열이 아니다. 문자 사용 관행 자체가 바뀌기 시작했다는 점이다. 타자기가 보급되자 공문서 작성은 손글씨에서 기계 글씨로 넘어갔다. 그때까지 한자와 세로쓰기에 익숙했던 남성 관료들은, 타자를 치기 위해 한자 자리를 비워 두거나 펜으로 한자를 덧쓰는 식의 '과도기'를 경험한다. 그러나 한자를 잘 모르는 상업고 졸업생들이 타자수로 채용되기 시작하면서 상황은 바뀐다. 한자 병기를 위해 두 번 일하는 방식은 곧 비효율로 인식되기 시작했고, 공문서에서 한자 병기가 조금씩 사라진다. 즉, 타자기의 보급은 한글전용과 가로쓰기의 사회적 토대를 넓히는 계기가 된다. 매크루한의 말처럼, 미디어가 메시지가 되기 시작한 것이다.

한자 병용과 타자기 사용

1948년 대한민국 정부는 「한글전용법」을 공포하며 "대한민국의 공용 문서는 한글로 쓴다"고 선언했다. 법의 취지는 분명했다. 해방 국가의 공식 언어는 한글이어야 한다는 것이었다. 그러나 현실은 달랐다. 한글전용이라는 명분의 언어는, 오랫동안 굳어져 온 한자혼용이라는 관행의 언어

앞에서 좀처럼 힘을 쓰지 못했다.

행정사무를 총괄하던 총무처와 지방행정을 담당한 내무부는 한자 병용을 고수했다. 그 결과 1950년대 대부분의 공문서는 여전히 한자와 한글이 섞인 형태로 작성되었다. 이승만 대통령은 1950년 기자회견에서 "정부에서도 한글전용법을 만들어 쓰고 있는 만큼, 모든 관공서에서는 한글 사용을 원칙으로 삼아야 한다"고 밝혔지만, 총무처는 이를 적극적으로 이행하지 않았다. 법은 있었지만, 문서는 바뀌지 않았다.

이 분위기가 조금씩 흔들리기 시작한 계기는 한글 타자기였다. 1950년대 후반, 공무원 사회에서 한자혼용과 한문병용의 긴장이 서서히 누그러지기 시작한 것은 문자 정책의 변화라기보다 사무 기술의 변화에서 비롯되었다. 정부는 '사무 능률화'를 명분으로 타자기 보급을 독려했고, 그 과정에서 한글 가로쓰기는 점점 일상적인 문서 형식으로 자리 잡기 시작했다.

1968년 기준으로 정부 부처가 보유한 타자기는 모두 1만 1,163대에 달했다. 그중 가장 많은 타자기를 사용한 곳은 국방부로, 전체의 33.4%에 해당하는 3,729대를 보유하고 있었다. 시·도 등 지역 행정기관은 2,527대(22.6%), 각 지역 교육청은 2,583대(23.1%)를 사용했다. 체신부는 351대(3.1%), 문교부 240대(2.2%), 내무부 140대(1.3%), 외교부 134대(1.2%) 순이었다.

타자기는 이미 중앙부처와 지역 행정 전반으로 깊숙이 스며들어 있었다. 그러나 이 숫자들 뒤에는 세대와 성별의 문제가 겹쳐 있었다. 1960년대 중앙부처의 국장급 공무원들은 대체로 고시를 통해 공무원 사회에 입문, 군수 등의 경력을 쌓은 인물들이었다. 이들은 손글씨로 한자를 세로로 써 내려가는 데 익숙한 세대였다. 이런 구조 속에서, 남성에 비해 한자 교육을 충분히 받지 못했던 여성들이 국가 공무원으로 사무직에 진출하는 것은 매우 제한적일 수밖에 없었다.

하지만 타자기로 한글 공문서를 작성하는 일이 일상화되면서 상황은 달라졌다. 문서를 '손으로 쓰는 능력'보다 '기계로 치는 능력'이 중요해지자, 한자에 익숙하지 않은 여성 타자수들도 업무 수행에서 불리함을 느끼지 않게 되었다. 한글 타자기는 문자 사용의 문제를 넘어서, 사무실의 성별 질서를 조금씩 바꾸는 장치가 되었다.

이 변화가 본격화된 것은 1973년이었다. 한글전용화 정책이 강화되면서 모든 관공서 문서를 타자로 작성하도록 하자, 타자 직종은 여성들의 대표적인 사무직 취업 경로로 떠올랐다. 당시 고졸 여학생의 경우 용모가 단정하고 타자 실력만 갖추면, 비서직이나 타자수로 사실상 100% 취업이 가능하다는 말이 나올 정도였다. 여자상업고등학교뿐 아니라 사설 타자학원들도 급증했다. 1973년 보도에 따르면, 서울 시내에만 51곳의 타자학원이 있었고, 이곳에서 2~3개월 교육을 받은 뒤 타자수로 사회에 진출했다. 그 결과 그해 국내에는 약 7만 명의 타자수가 사무실에서 일하고 있었으며, 이들 가운데 상당수는 여성이었다. 결혼과 함께 퇴직하는 경우가 많았기 때문에, 사무실에는 늘 새로운 여성 타자수에 대한 수요가 이어졌다.

한글의 가로쓰기

한글의 세로쓰기 역시 한글 기계화의 또 다른 장벽이었다. 하지만 타자기를 활용하여, 한글을 가로쓰기 한다는 것은 그리 쉬운 일이 아니었다. 무엇보다 우리말에는 초성과 중성, 종성으로 이뤄졌기 때문에 순차적으로 글자를 이어가는 알파벳과는 근원적 차이가 존재했다. 결과적으로 한글을 초성+중성+종성의 형태로 모아쓰기를 할 경우에는 타자기를 이용한 기계화는 근원적 한계를 극복할 수 없었다.

1914년에 개발된 이원익의 타자기는 한글을 세로쓰기를 이용하여 모아쓰기를 가능하게 하였다. 하지만 모아쓰기를 하는 경우, 글자를 시계반대방향으로 90도 기울어진 형태로 타이핑하기 때문에 글 작성자 역시 글을 읽기 쉽지 않다는 한계점을 가지고 있었다. 만약, 모아쓰기로 한글을 타자기로 사용하려면 적어도 6000자 정도가 필요하다. 즉, 일본의 스키모토 타자기처럼 한글의 다양한 초성+중성+종성의 활용 예에 대한 활자판을 모두 만들어야 하기 때문이다. 그렇기에 그 대안으로 한글 풀어쓰기가 제시되었다.

타자기의 국내 도입 이전부터 한글 풀어쓰기에 대한 논의는 존재했다. 일제 강점기에는 일제 경찰들의 눈을 피해 풀어쓰기 흘림체로 비밀연락문을 작성하는 방식이 사용되었다. 1914년 4월 주시경은 처음으로 풀어쓰기를 사용하기도 했다. 1920년대 최현배, 이필수 등에 의해 연구되어 1931년에는 신문에 풀어쓰기의 형태가 제시되기도 하였다. 해방이후, 한글 가로쓰기 연구 등이 간헐적으로 이뤄졌다. 풀어쓰기의 대표적 주자는 최현배였다. 그는 인쇄와 타자기 사용의 편리성을 이유로 한글 풀어쓰기를 주장했다. 당시 최현배는 한글전용과 풀어쓰기를 함께 주장하면서, 한자 혼용이 기계화에 얼마나 비효율적인지 강조했다. 최현배는 국한문 혼용의 타자기를 만든다면 일본 타자기처럼 한자 2,000자에다 한글 2,000자를 더하는 4,000자 자판이 필요하다고 주장했다. 그렇기에 한글을 풀어쓰기로만 한다면 서양의 알파벳처럼 24자 자판으로 충분하다는 주장을 했다. 최현배는 또한 당시 한자를 한자 찾아서 사용하기에는 글자당 30초라는 시간이 걸리면서 매우 비효율적이라는 주장도 함께 하였다. 한글 기계화는 결국 "가능/불가능"이 아니라 "효율/

비효율"의 문제로 바뀌게 되었다.

해방 이후 체신부에서는 정부 공문서에서 풀어쓰기를 공식 사용하기 시작했다. 특히 1950년 장봉선이 개발한 텔레타이프를 활용하여 전보를 풀어쓰기 형태로 작성하여 가정에 배달하였다. 글자수를 모르스 부호의 26자와 일치하도록 글자수를 자음 14자, 모음 12자 등 총 26자로 정하면서 모르스부호를 통한 한글 전보 전송이 가능해졌다. 이후 흥사단(1956년), 미국대외원조처(USOM, 1961), 도덩보 타자기(1984) 등에서도 한글풀어쓰기가 제시되었다.

풀어쓰기 타자기는 한글학회에서 한글풀어쓰기가 공론화하기 이전에 이미 개발되었다. 미 군정청이 1946년 재미교포 목사 김준성이 개발한 레밍턴 한글타자기 200대를 들여와서 국내에 배포하기도 했다. 김준성 목사가 개발한 한글타자기가 바로 풀어쓰기의 한글타자기였다. 김준성 목사는 미국의 소리(Voice of America)의 아나운서를 하기도 했다. 김목사의 풀어쓰기 타자기는 대중적으로 인기를 끌지 못하면서 상업화에 실패했다. 결국 미 군정기에는 다시 영문타자기로 글자체를 바꿔서 사용하였다. 당시 미 군정은 풀어쓰기 타자기 300여대를 수입했으나 상당수가 사용되지 못하고, 다시 영어로 교체되었다. 당시 한글타자기 수요가 없었기 때문이다. 물론 글자배열에 있어서도 문제가 있었다. 빈도수에 따른 글자배열이 아니라, ㄱㄴㄷㄹ ㅏㅑㅓㅕ의 순서로 배열하여 속도가 너무 느렸다. 또한 자음과 모음, 이중모음까지 합쳐 35자로 자판이 구성되어 비능률적이라는 평가도 받았다. 김준성 타자기는 캘리포니아에 거주하는 재미교포가 수집해서 블로그에 올렸으나 해당 블로그는 추후에 폐쇄되었다.

김준성 외에도 장봉선 (1954년)과 도덩보 (1959년) 등은 풀어쓰기 타자기를 개발하였다. 장봉선 풀어쓰기 타자기는 통신용으로 개발되어, 육군 통신용이나 체신부의 전신용으로 사용되었다. 글자수는 자음 14, 모음 12 등 총 26자로 구성하여, 영문자 26와 궤를 함께 하였다. 1분간 500자 정도가 타자가 가능하여, 체신부에서 전보용으로 많이 사용하였다. 또한 올림피아, 레밍톤 타자기를 바탕으로 5벌식으로 구성된 모아쓰기 타자기도 생산하여, 보급하였다.

도덩보 타자기는 세종대왕이 창제했던 28자(ㆆ, ㆁ, ㅿ, ㆍ)를 모두 포함시켜 만들었다. 그는 모형으로 10대를 제작하여, 문교부에 기증하였으나 상용화 단계까지는 이르지 못했다. 물론 한글 풀어쓰기에 대한 반발도 심하였다. 특히 김형규, 이숭녕, 조윤제 등은 한글 풀어쓰기에 대해서 반대입장을 분명하게 한다. 김형규는 새로운 한글 글자가 필요없고, 현재 한글사용에도 큰 불편함이 없다는 점을 이유를 들었다. 또한 이숭녕(1947)은 풀어쓰기를 하면 글자가 우습게 된다면서 풀어쓰기와 가로쓰기를 반대하였다. 조윤제(1947) 역시 한글 가로쓰기는 자연적인 형태를 거스르는 행위로 충분한 검토가 이뤄지지 않은 즉흥적 행위로 간주, 반대를 했다.

공병우 타자기를 이용하여 종성까지 가로쓰기가 가능해지면서 점차 국가 공문서가 가로쓰기로 제작되기 시작되었다. 하지만 공문서에 한자를 사용하기 위해 타이프를 치다가 빈칸으로 남겨놓는 상황들이 벌어졌다. 당시 정책 결정권자들은 한자와 세로쓰기가 익숙해졌는데, 점차적으로 한자와 가로쓰기로 그 패턴이 바뀌었다. 그러다가 한자를 잘 모르는 여상의 졸업생들이 타이프리스트로 전격 채용되기 시작하면서 한자의 병기에 대한 이중적 수고와 어려움이 불편함으로 작용하기 시작하였다. 그러면서 공문서에서 조금씩 한자 병기가 사라지기 시작하였다.

한자와 세로쓰기를 끝까지 고집했던 것은 신문사들이었다. 하지만 한글 가로쓰기는 연세대학교의 신문인 '대학춘추'에서 처음으로 시도되었다. 이후 한겨레신문이 1989년 발간되면서 가로쓰기, 순 한글사용이 점차 국민들 사이에도 퍼지게 되었다. 특히 1990년대 들어서면서 컴퓨터 보급이 늘어나면서 세로쓰기에 반감을 갖고 있던 언론들도 점차 가로쓰기로 전환되기 시작하였다. 그러면서 한자 병기, 세로쓰기는 하나의 구시대의 유물이 되었다.

현재 시대에서 보자면, 한자병기와 세로쓰기는 시간과 노력이 많이 드는 문자표기방법이다. 하지만 그것이 하나의 관행으로 여겨지는 상황에서는 그것을 고치지 못하였다. 다행히 한글기계화의 흐름속에서 한자와 세로쓰기 보다는 한글전용과 가로쓰기가 더 적합하다는 결론으로 이어졌다. 특히 타자기 보급과 여성의 사무직 진출차원에서도 한글전용과 가로쓰기 문제는 생각해봐야 할 문제이다.

경방 '크로바'와 동아 '마라톤'

사실 1960년 초까지 국내 타자기 제조 기술은 이렇다할 수준이 아니었다. 미국의 로얄(Royal)과 언더우드(Underwood), 스미스코로나(Smith Corona), 이탈리아의 올리베티(Olivetti), 독일의 올림피아(Olympia), 스위스의 헤르미스(Hermes) 등과 같은 외국의 타자기 회사에 의뢰하여 만들어진 한글 타자기를 수입해 팔거나, 외국에서 영문 타자기를 수입한 뒤에, 글자판을 한글어로 바꾸는 작업을 하는 수준이었다. 그러다보니 가격은 상대적으로 비쌌다.

1968년에 이르러 국내에 타자기를 직접 생산하는 공장이 설립되었다. 공병우 타자기회사는 본사를 당시 공안과가 있던 서울 종로구 와룡동 95번지(현재 한글회관 위치)에 두고, 생산공장은 강동구 천호동에 두었다. 비록 공병우 타자기 공장에서 타자기를 생산하였지만 타자기 수요를 따라갈 수 없었다. 그래서 당시 정부는 물가안정이라는 명목으로 해외 제조 타자기 수입을 적극 추진하기도 하였다.

1970년대 들어 구로공단이 조성되고, 산업 발전이 본격화되면서 사무직에 대한 수요도 지속적으로 늘어났다. 사무직 사원들에게 필수품인 타자기를 생산하는 업체도 늘어나기 시작한다. 1973년에는 구로공단에 한국과 미국 합자회사로 만들어진 새한패시픽에서 타자기를 생산하기 시작하였다. 새한패시픽은 1977년 2월 경방기계에 인수되어 이듬해 4월부터 크로바(Clover) 타자기를 생산하였다. 이는 국내 최초의 타자기 양산이었다. 또 동아그룹의 동아정공에서는 1979년 타자기에 들어가는 1100여개의 부품을 국산화하는데 성공하고 타자기를 본격 생산하기 시작하였다. 1979년 1294대 판매에 이어, 1980년에는 9470대를 판매하는 등 폭발적으로 늘어난 타자기 수요에 부응하는 생산을 하기 시작하였다.

경방의 크로바와 동아의 마라톤은 타자기 부품의 국산화를 통해 가격인하와 함께 타자기의 대중화시대를 열었다. 동아그룹은 1983년 경기도 반월공단에 연간 50만대 타자기 생산공장을 설립하였다. 동아정공의 매출액은 1980년 7억 원에서 출발, 1981년 17억 원으로 늘어났으며 1985년에 49억 원, 1987년에 102억 원을 기록하였다. 동아전공은 약간 15년간 국내 보급형 타자기의 절반이상을 생산하다 1997년 외환위기로 인해 재정난을 겪다가 이듬해 최종 부도처리가 되었다. 또한 타자기 수리공이었던 김동석씨는 1976년 새한사무기라는 회사를 설립하여 타자기붐에 힘입어 고속성장하였다. 1981년 회사명을 라이카로 바꾼 새한타자기는 이후 전자타자기 '워드피아'를 생산하고, 복사기 사업 등으로 영역을 넓혀 한때에는 500억 원대의 매출을 기록했으나 컴퓨터 시대를 맞아 부진 끝에 1995년 최종 부도처리 되었다.

컴퓨터 시대가 오자 타자기 산업은 급속히 침체하고, 많은 회사가 외환위기 전후로 역사 속으로 사라진다. 타자기는 이제 '지나간 기술'이 되었지만, 그 기술이 남긴 흔적은 사라지지 않았다. 문서의 형식(가로쓰기), 문자 정책(한글전용의 확장), 사무 노동의 성별 분업은 타자기 시대를 거치며 새롭게 재편되었다.

08.

전동타자기에서 TV타자기, 워드프로세서

1980년대 들어서 미국의 수동타자기 제조업체는 큰 위기를 맞는다. 일본과 이탈리아 등 해외에서 더 싼 가격에 제조되는 타자기가 수입되었기 때문이다. 다만 기술력이 높은 전동타자기 제조는 미국에서 계속 제조, 판매되었다.

전동타자기는 수동 타자기의 구조를 계승하면서도, 전기 모터와 기계적 보조 장치를 결합해 입력 효율과 정확성을 비약적으로 끌어올린 장치였다. 그것은 컴퓨터 이전 시대에 등장한 가장 진보된 문서 생산 기계였으며, 타자기 역사에서 결정적인 과도기를 형성한다. 전동타자기는 글자가 부드럽게 타자되고, 소음이 적다는 장점과 함께 틀린 글자의 수정도 가능하다는 점에서 미 시장에서 큰 인기를 끌었다. 그러면서 전동타자기와 텔레비전을 연결시킨 TV타자기가 제작된다. 이 TV타자기는 점차 워드프로세서, PC로 발전되어갔다.

전동타자기의 시작

전기로 움직이는 타자기라는 개념은 그 연원이 매우 오래되었다. 출발점은 덴마크의 발명가 몰링 한센(Malling Hansen)이 시각장애인을 위해 고안한 '라이팅 볼(Writing Ball)'까지 거슬러 올라간다. 손의 힘이 아니라 기계의 도움으로 글자를 찍어낸다는 발상은, 이미 19세기 중반에 싹을 틔우고 있었던 셈이다.

전기 타자기의 기원을 발명왕 토머스 에디슨(Thomas Edison)에게서 찾는 시각도 있다. 1872년 에디슨은 프린팅 휠(printing wheel)을 이용한 전동 타자기를 고안했고, 이 장치는 훗날 티커 테이프 프린터(ticker-tape printer)로 발전한다. 다만 이 단계의 전동 장치는 실험과 개념 제시에 가까웠고, 사무실에서 실제로 사용할 수 있는 '제품'과는 거리가 있었다.

실제 전기 타자기가 만들어지기 시작한 것은 20세기 초였다. 1900년의 카힐 전기(Cahill Electric), 1902년의 브릭켄스더퍼 전기(Blickensderfer Electric) 타자기는 분명한 시도였다. 1906년에는 캐나다의 일렉트릭 파워 타자기 회사가 전동 타자기를 시장에 내놓았고, 브릭켄스더퍼 역시 1908년에 한층 진척된 모델을 선보였다. 그러나 시장의 반응은 냉담했다. 기술은 앞서 있었지만, 사무실에서 이를 받아들일 준비가 되지 않았다. 당시에는 전동타자기는 잠시 등장했다가 조용히 사라지는 존재처럼 보였다.

전환점은 사무실에서 '쓸 수 있는' 전동 타자기가 등장하면서 찾아온다. 그 인물이 바로 제임스 스매서스(James Smathers)였다. 1914년, 캘리포니아 옥스나드(Oxnard)에 살던 스매서스는 타자기의 롤러를 전기로 움직이는 장치, 이른바 파워 롤러(power roller)를 고안한다. 이는 이후 전동 타자기의 표준 구조가 된다.

스매서스의 아이디어는 그의 아들 프랭크 스매서스를 통해 산업으로 이어진다. 프랭크는 뉴욕 로체스터에 노스이스트 일렉트릭(N.E. Electric) 회사를 설립하고, 전동 모터를 이용한 타자기를 시장에 내놓는다. 1923년, 제임스 스매서스가 처음 구상한 전기 구동 방식은 러셀 G. 톰프슨(Russell G. Thompson)에 의해 한층 다듬어졌고, 약 1년간의 개량 끝에 비로소 '완제품'이 된다. 판매는 호조를 보였고, 전동 타자기는 하나의 부서에서 독립 회사로 성장할 만큼 빠르게 자리를 잡아갔다.

이 회사는 1933년, 인터내셔널 비즈니스 머신스(IBM)에 인수된다. 이후의 이야기는 타자기 산업의 판도를 바꾸는 이야기다. IBM은 전동 타자기에 막대한 자본을 투입했다. 당시로서는 상상하기 어려운 100만 달러 이상의 투자가 이어졌고, 그 결과 1935년을 전후해 전동 타자기는 비로소 시장의 신뢰를 얻기 시작한다. 1950년대 중반이 되면, 주요 타자기 제조사 대부분이 전동 타자기 생산에 뛰어들게 된다.

흥미롭게도, 전동 타자기를 가장 먼저 내놓은 회사는 IBM이 아니었다. 타자기의 대명사였던 레밍턴은 이미 1925년에 전동 타자기, 이른바 '레밍턴 12'를 출시했다. 그러나 이 모델은 상업적으로 성공하지 못했고, 약 2,500대 생산에 그쳤다. 실패의 원인은 기계 자체보다는 회사 내부의 문제에 있었다. 레밍턴 경영진은 관료주의적이고 우유부단했으며, 전동 타자기의 가능성에 충분히 집중하지 못했다.

당시 레밍턴은 노스이스트 일렉트릭의 전동 장치에 주목해 이를 공급받아 레밍턴 12에 탑재했다. 시장 반응도 나쁘지 않았다. 노스이스트 일렉트릭은 레밍턴과 장기 계약을 원했지만, 레밍턴은 당시 레밍턴 랜드(Remington Rand)와의 합병을 추진 중이었다. 경영진의 관심은 다른 곳으로 옮겨갔고, 결국 양사의 협력은 끝난다. 기술은 있었지만, 선택은 없었다.

1929년 무렵 노스이스트 일렉트릭은 제너럴 모터스(GM)의 한 부서로 편입되고, 존 스매서스는 특허 관리자로 그곳에 채용된다. 이후 이 부서는 일렉트로매틱(Electromatic)이라는 이름으로 분사한다. 일렉트로매틱은 전력으로 타입 바를 구동해 속도를 높이는 기술을 완성했고, 이 성과는 1933년 IBM이 회사를 인수하면서 그대로 흡수된다.

그 결과물이 바로 IBM 일렉트로매틱이다. 49.50달러라는 가격으로 출시된 이 전동 타자기는 세련된 디자인과 IBM의 강력한 마케팅이 결합되며 시장에서 큰 성공을 거둔다. 소비자들이 전동 타자기에 품었던 막연한 거부감도 이 시기를 거치며 빠르게 사라진다. 전동 타자기를 가장 먼저 만든 것은 레밍턴이었지만, 전동 타자기를 대중화한 것은 IBM이었다.

전동타자기의 가장 큰 장점은 전력의 힘에 있었다. 키를 세게 두드리지 않아도 글자가 선명하게 인쇄되었고, 그 덕분에 타자기를 칠 때마다 울리던 '탁탁탁' 하는 둔탁한 기계음은 크게 줄어들었다. 한 줄을 다 친 뒤 캐리지를 밀어야 할 필요도 없었고, 백스페이스 역시 훨씬 부드럽게 이어졌다. 한 번 전동타자기에 익숙해진 타이프리스트라면, 다시 수동타자기로 돌아가기가 싫어질 만큼의 차이였다.

그럼에도 전동타자기는 쉽게 대중화되지 못했다. 이유는 몇 가지가 겹쳐 있었다. 무엇보다 가격이었다. 전동타자기는 기존 수동타자기보다 대략 100달러 정도 비쌌다. 같은 문서를 같은 속도로 작성하는데 추가 비용을 지불해야 한다면, 사무실이 망설이는 것은 당연했다. 둘째는 소음의 성격이었다. 전원을 꽂는 순간 '흠—' 하는, 마치 사이렌처럼 들리는 지속음이 발생했다. 둔탁한 타격음은 줄었지만, 전기의 존재를 알리는 소리는 또 다른 불편이었다. 셋째는 적응의 문제였다. 전동 장치가 추가되면서 조작 방식이 미묘하게 달라졌고, 숙련된 타이프리스트에게도 일정한 적응 기간이 필요했다.

IBM의 실렉트릭

IBM은 막대한 자본을 들여 전동 타자기에 대한 연구에 집중한다. 다음 도전은 타입 바(type bar)가 아닌 타입 휠(type wheel)을 사용하는 전동 타자기였다. 1961년 등장한 IBM 실렉트릭(Selectric)은 전동 타자기의 새로운 시대를 연다. 글자체를 교체할 수 있다는 점에서 혁신적이었고, 이때 사용된 반구형의 데이지 휠(daisy wheel) 개념은 사실 1891년 특허를 받은 인덱스 타자기 빅터(Victor)에서 이미 그 원형을 찾을 수 있다.

IBM은 타자기의 미래가 결국 전동화로 향할 것이라는 확신을 갖고, 꾸준히 자원을 투입했다. 그 신념의 결실이 1961년 '실렉트릭(Selectric)'이었다. 이후 '실렉트릭'은 곧 전동타자기의 대명사가 된다. 실렉트릭은 기존 타자기와 작동 원리부터 달랐다. 키를 누르면 하나의 타입바가 움직이는 방식이 아니었다. 대신 골프공처럼 생긴 원형의 활자판이 좌우·상하로 움직이며 글자를 찍어냈다. 키보드와 인쇄 장치가 직접적으로 연결된 구조를 과감히 끊어낸 것이다. 이 방식은 시카고나 해먼드 계열의 인덱스·휠 방식에서 영감을 받은 변형이라 할 수 있다.

이 단절은 중요했다. 키보드는 입력 장치가 되고, 인쇄는 별도의 기계적 동작이 맡는다. 이 개념은 20년 뒤 컴퓨터 프린터에서도 그대로 응용된다. 오늘날의 잉크젯 프린터 역시, 본질적으로는 같은 사고방식 위에 놓여 있다.

우리가 과거의 원형을 잃어서는 안되는 이유가 IBM의 전동 타자기에서 발견된다. 타자기 개발 초기에 글자를 어떻게 표현할까 고민하던 그 과정에서는 다양한 방식이 시도되었으나 당시의 상황에서 일부가 규격화되고 시장을 지배하게 되었다. 반면 당시에 좋은 아이디어도 시장의 상황에 따라 인기를 끌지 못하게 된다. 우리가 규격화된 최종 모델만 갖고 있으면 IBM의 전기타자기를 전혀 이해할 수 없다. IBM의 전동 타자기는 완전 새로운 아이디어가 아니라, 과거 타자기 초기 시대의 원형과 원리를 재활용한 것이다. 어쩌면 한국이 패스트 팔로워에서 패스트 무버로의 어려움을 겪는 것은 창의력의 차이가 아니라 원형, 원리에 대한 고민 없이 응용에 집착하기 때문일지 모른다.

타입 휠 방식은 이후 공 모양으로 발전하며 대중적 성공을 거둔다. 공이 종이 위를 자유롭게 상하·좌우로 움직이며 글자를 인쇄하는 방식이다. 전동 타자기는 전기 모터의 힘으로 작동하는 타자기였다. 타자수는 키를 가볍게 누르기만 하면 되었고, 빠르고 일정한 간격의 타이핑이 가능했다. 글씨는 균일하고 아름다웠으며, 여러 장을 동시에 찍어낼 수도 있었다. 사무실의 능률을 획기적으로 끌어올린 도구였던 것이다. 그 결과는 분명했다. 전동 타자기는 하나의 유행이 아니라, 사무실의 표준이 되었다. IBM은 그 표준을 선점했다. 이후 많은 회사들이 IBM의 표준을 따라 새롭게 부상한 전동타자기 시장에 뛰어들었다.

전동타자기의 시대

1980년대 중반에 이르러 미국의 타자기 제조사 가운데 살아남은 곳은 사실상 두 군데뿐이었다. 스미스코로나(Smith Corona)와 IBM이다. 한때 '미국 타자기의 얼굴'이었던 레밍턴(Remington)은 지난 60년 동안 "뉴욕주 이리온(Ilion)에서 제조된다"는 점을 자랑처럼 내세웠지만, 1980년대 중반부터는 생산 거점을 네덜란드로 옮겼다. 언더우드(Underwood)는 이탈리아의 올리베티(Olivetti)에 매각되었고, 로얄(Royal) 타자기 역시 독일계 회사인 아들러(Adler)로 경영권이 넘어갔다.

이러한 변화는 단순한 기업 인수·합병의 문제가 아니었다. 타자기라는 산업 자체가 방향을 틀고 있었기 때문이다. 스미스코로나와 IBM이 미국 타자기 업계에서 끝까지 살아남은 이유는 단 하나였다. 이들은 기존의 수동 타자기에서 전동 타자기로 과감하게 이동했다. 특히 IBM은 1933년에 비교적 늦게 타자기 시장에 뛰어들었지만, 이후 50여 년 동안 전동 타자기를 중심으로 제조와 판매를 이어가며 막대한 부를 축적한다.

수동 타자기와 전동 타자기는 겉으로 보면 비슷해 보일 수 있다. 둘 다 QWERTY 자판을 사용하고, 종이에 글자를 찍는다. 그러나 그 유사성은 거기까지다. 생산 설비도 다르고, 사용되는 원재료도 완전히 달랐다. 사실상 동일한 것은 '자판 배열'과 '문자를 종이에 남긴다'는 기능뿐이라고 해도 틀린 말이 아니다. 전동 타자기는 이미 기계 산업이 아니라, 전자 산업의 영역으로 넘어가고 있었다.

이 변화의 흐름에 타자기와 아무 상관없어 보이는 기업들까지 합류한다. 석유회사인 엑손(Exxon)은 1980년 전동 타자기 제조에 뛰어들기 위해 워드프로세서 업체 바이덱(Vydec)을 인수하고, '엑손 정보 시스템(Exxon Information Systems)'을 설립한다. 이 회사는 Qyx Electronic(퀵스 일렉트릭)을 출시하며 사무기기 시장에 본격적으로 진입했다.

엑손만이 아니었다. 캐논, 올림피아, 샤프, 제록스, 파라소닉 같은 카메라·TV·복사기 제조업체들도 전동 타자기 경쟁에 가세했다. 얼핏 보면 낯선 조합처럼 보이지만, 타자기 산업의 역사로 돌아가 보면 이 역시 그리 새삼스러운 일은 아니다. 레밍턴은 원래 재봉틀 회사였고, 스미스 프리미어는 총기 제조업체에서 출발했다. 아들러는 자전거 회사였고, 언더우드는 먹지(카본지) 제조업체였다. 타자기 산업은 애초부터 '이종 산업의 실험장'이었던 셈이다.

그중에서도 파라소닉의 행보는 상징적이다. 반도체 회사이자 가전 제조업체인 파라소닉은 1982년 4월 전동 타자기를 시장에 출시한다. 그러나 이는 단기 수익을 노린 즉흥적 진출이 아니었다. 파라소닉은 이미 1974년부터 전동 타자기에 관심을 갖고 연구를 이어왔고, 1982년 시제품이 나오기까지 무려 52차례에 걸쳐 성능을 개선했다.

개선의 대상은 다양했다. 기능키의 배치, 외관 색상, 데이지 휠의 구조, 수정 장치, 내부 배터리의 위치까지 하나하나 손봤다. 이 과정은 마치 1874년 숄스와 글리든의 타자기가 처음 상업화될 당시, 수많은 개량을 거치며 완성도를 높여 갔던 모습과 닮아 있다. "개체발생은 계통발생을 반복한다"는 생물학의 명제가, 타자기 산업만큼 정확하게 들어맞는 분야도 드물다.

올리베티 역시 이 흐름에서 빠지지 않았다. 1978년, 올리베티는 201과 221 모델을 내놓으며 전동 타자기 대열에 합류한다. 유럽의 디자인 감각과 전자 기술을 결합한 이 모델들은, 타자기가 더 이상 단순한 '기계'가 아니라 전자 사무 시스템의 일부로 변하고 있음을 보여주었다.

TV 타자기: 종이에서 화면으로

1973년, 전자기지 잡지인 라디오-일렉트로닉스(Radio-Electronics)는 한 편의 도발적인 기사를 실었다. 제목은 'TV 타자기(TV Typewriter)'. 해당 잡지는 2002년, 창간 90년 만에 폐간되지만 이 한 편의 기사는 오래동안 회자된다. 글을 쓴 이는 돈 랭카스터(Don Lancaster). 그는 이 글에서 "TV 타자기는 계산을 수행하는 컴퓨터가 아니다. 이 장치의 목적은 오직 하나, 키보드로 입력된 문자를 전자 신호로 변환해 텔레비전 화면에 표시하는 것"이라고 밝혔다. 종이에 프린트하지 않고도 화면위에서 문자를 보고, 수정하고, 배열할 수 있다고 강조했다. 키보드와 결합하면 TV화면에서 정보를 수정한다는 의미에서 TV는 수동적인 정보 수신장치가 아니라, 능동적 장치가 된다고 주장했다.

워드프로세서와 개인용 컴퓨터가 애니악 같은 연산기능이 뛰어난 컴퓨터에서 발전한 것이 아니라, TV 타자기라는 새로운 계보에서 출발할 수 있음을 설명한다. 값비싼 연산 장비가 아니라, 비교적 저렴한 TV모니터와 타자기를 연결한다면 누구나 TV 타자기를 제작할 수 있다고 선언했다.

TV 타자기는 말 그대로 텔레비전과 타자기의 결합이다. 기존 타자기로 글자를 치되, 종이 위에 찍히는 대신 텔레비전 화면에 글자가 나타나도록 만든 장치였다. 글자를 전자 신호로 바꿔 화면에 표시하는 방법. 이 단순한 발상 덕분에 시간, 날씨, 주식 시세, 뉴스 기사 같은 정보들을 전자 신호로 변환해 TV 모니터에 띄울 수 있었다.

처음 등장했을 때 TV 타자기는 장난감처럼 보였다. 종이도 없고, 계산도 하지 못하는 기계가 무슨 쓸모가 있겠느냐는 반응도 많았다. 그러나 이 '장난감'은 곧 워드프로세서 시대를 여는 열쇠가 된다. 문서를 종이에서 해방시켜, 화면 위로 옮겨 놓았기 때문이다.

초기의 TV 타자기는 상업적 성공을 목표로 한 제품이라기보다, 아마추어 발명가와 전자 취미인들의 놀이 도구에 가까웠다. 실제로 1976년 돈 랭카스터는 《TV 타자기를 만드는 방법(TV Typewriter Cookbook)》이라는 책을 펴낸다. 이 책에서 그는 컴퓨터 취미인, 아마추어 라디오 텔레타이프(Radio teletype) 사용자, 초기 워드프로세서 실험자, 비디오게임 제작자, TV 자막 제작자들에게 직접 TV 타자기를 만들어 써 보라고 권한다. 문서가 화면 위에 뜨는 순간, 활용 가능성은 상상 이상으로 넓어질 것이라는 믿음에서였다.

TV 타자기의 가능성을 가장 적극적으로 받아들인 집단은 PC 개발자들이었다. 개인용 컴퓨터(PC)가 태동한 시기와 TV 타자기의 확산 시기가 겹친다는 점은 우연이 아니다. 1973년, 휴렛팩커드(HP)는 BASIC 언어를 사용해 키보드·프린터·모니터를 하나로 묶은 '왕 2200'(Wang 2200)을 개발한다. 거의 같은 시기, MIT를 중심으로 8비트 인텔 8080 마이크로프로세서를 활용한 '알테어(Altair)'도 등장한다. 이 무렵부터 'PC(Personal Computer)'라는 용어가 본격적으로 쓰이기 시작한다.

1976년에는 스티브 잡스와 스티브 워즈니악이 애플 I을 판매하기 시작한다. 이 작은 컴퓨터 역시 키보드 입력과 화면 출력을 중심으로 한 구조였다. 이후 잡스가 이끄는 애플은 제록스(Xerox)의 연구소에서 개발된 그래픽 사용자 인터페이스(GUI) 개념을 받아들여, 매킨토시 컴퓨터로 발전시킨다. 글자뿐 아니라 아이콘과 창이 화면 위에 떠다니는 세상으로 나아간 것이다.

이렇게 보면 TV 타자기는 단순한 장난감이 아니었다. 그것은 문서를 종이에서 분리해 화면으로 옮기는 첫 실험이었고, 워드프로세서와 PC, 나아가 오늘날의 디지털 문서 환경으로 이어지는 보이지 않는 연결 고리였다. 우리가 지금 당연하게 여기는 화면 속 글자는, TV와 타자기를 연결했던 재미있는 실험에서 출발했다.

워드프로세서의 개발과 판매

워드프로세서는 문서를 작성하기 위한 전자 기기를 뜻한다. 개인용 컴퓨터(PC)가 다양한 용도로 활용되는 범용 기기인 데 비해, 워드프로세서는 문서작성이라는 단일 목적에 특화되어 있다. 이 때문에 흔히 '타자기의 컴퓨터 버전'으로 불리기도 한다. 그러나 워드프로세서는 단순히 문자를 화면에 배치하는 데 그치지 않고, 문서를 저장하고 수정하며 재구성할 수 있다는 점에서 기존 타자기와는 질적으로 다른 장치였다.

'워드프로세서(word processor)'라는 용어는 1960년대 말 IBM에서 만들어냈다. 1971년 The New York Times는 워드프로세서를 당대의 '유행어(buzz word)' 가운데 하나로 소개하기도 했다. IBM은 이미 1966년, 전자식 실렉트릭(Selectric) 타자기를 기반으로 한 워드프로세싱 시스템을 개발했다고 밝힌 바 있다. 이 시스템은 타이핑된 문자를 디지털 신호로 변환한 뒤 종이에 출력하는 방식으로, 출력 이전에 편집과 수정이 가능하도록 설계되었다. 문서 작성 과정에 '중간 단계'가 처음으로 도입된 셈이다.

1970년대 중반, 워드프로세서 기술은 다양한 방향으로 진화한다. 1974년에는 Xerox가 '더 빠른 전자 타자기(speedier electronic typewriter)'를 개발했다고 보도되었지만, 이 장치에는 화면을 통해 내용을 확인할 수 있는 모니터가 없었다. 대신 키보드 입력 내용을 디지털 신호로 변환해 자기테이프(magnetic tape)나 자기 카드(magnetic card)에 임시 저장하는 방식이 사용되었다. 같은 흐름 속에서 IBM은 한 줄 정도의 문자를 표시할 수 있는 소형 화면을 갖춘 자기테이프 실렉트릭 타자기(MTST)와 자기 카드 실렉트릭 타자기(MCST)를 선보였다. 이는 문서를 '화면으로 본다'는 개념의 초기 형태였다.

워드프로세서의 등장은 사무실 노동의 구조에도 변화를 예고했다. 1971년 당시 미국에서는 사무직 여성의 약 3분의 1이 비서직에 종사하고 있었는데, 언론은 워드프로세서의 확산이 전통적인 비서 업무에 중대한 변화를 가져올 것이라고 전망했다. 부정적으로 보자면 상급자가 직접 문서를 작성하게 되면서 비서직의 필요성이 줄어들 수 있었다. 반대로 긍정적인 관점에서는 여성들이 단순 문서 작성에서 벗어나 보다 폭넓은 행정업무를 담당하게 될 가능성도 제기되었다. 1970년대 후반부터 워드프로세서는 소프트웨어 형태로 본격적인 시장을 형성한다. 1976년에는 전자 연필(Electric Pencil)이 등장했다(참고로 1876년 에디슨은 전자 펜(Electric Pen)을 제작했는데, 이는 전기로 작성되는 디지털 펜이라기 보다는 종이에 구멍을 뚫어서 복사 기능을 만드는 장치였다. 에디슨은 나중에 이를 발전시켜 등사기(mimeograph)의 특허를 낸다). 1979년에는 WordStar가 큰 인기를 끌었다. 1983년에는 Microsoft Word가 출시되어, 당시 시장을 주도하던 WordPerfect와 본격적인 경쟁 구도를 형성한다. 이 시기를 거치며 워드프로세서는 전용 기기에서 범용 컴퓨터 소프트웨어로 중심축을 옮기게 된다.

한국에서도 워드프로세서의 발전은 비교적 이른 시기에 시작되었다. 1982년, 당시 고등학생이었던 박현철은 한글 워드프로세서를 개발했다. 특별한 이름은 없었지만, 한글로 작성한 문서를 저장하고 즉시 출력할 수 있는 기능을 갖추고 있었다. 이후 LG의 '하나워드', 삼보컴퓨터의 '보석글', 삼성의 '훈민정음' 등 다양한 국산 워드프로세서가 등장했다. 그리고 1989년, 서울대학교 컴퓨터연구회에서 개발한 한글 1.0이 출시되며 워드프로세서는 국내에서도 폭발적인 대중화를 맞이하게 된다.

워드프로세서의 구조와 쇠퇴

1980년대에 유행한 워드프로세서는 자판과 모니터가 하나로 결합된 일체형 구조를 갖고 있었다. 외형만 놓고 보면 키보드 위에 작은 화면을 얹어 놓은 형태에 가깝다. 이는 오늘날의 개인용 컴퓨터나 노트북과는 분명히 다른 인상이었다. 전통적인 워드프로세서 전용 키보드에는 기능 키(F1~F12)나 숫자 키패드가 아예 없는 경우가 많았기 때문이다. 일부 기종에는 기능 키가 탑재되기도 했지만, 이들은 개인용 컴퓨터(PC)가 본격적으로 보급되던 과도기적 시기에 등장한 제품들로, PC의 보급과 함께 비교적 짧게 단종되었다. 워드프로세서는 결국 PC 기반 소프트웨어로 시장이 이동하는 흐름 속에서 빠르게 사라져갔다. 이는 하드웨어 전용기기로서 워드프로세서는 확장성과 범용성 면에서 개인용 컴퓨터를 따라가기 어려웠기 때문이다.

모니터의 기능 역시 매우 제한적이었다. 대부분 텍스트 전용의 흑백 화면이었고, 표시할 수 있는 글자 수 또한 극히 적었다. 많아야 세로 네 줄 정도에 불과했으며, 전자식 타자기에 조그만 액정을 덧붙여 한 줄씩만 편집하고 바로 출력하는 초소형 워드프로세서도 존재했다. 당시로서는 실험적인 시도였지만, 오늘날의 기준에서 보면 다소 기이한 장치처럼 보이기도 한다.

그럼에도 불구하고 기능 자체는 나름 경쟁력 있었다. 디스켓을 이용해 문서를 저장할 수 있었고, 외부 프린터와 연결해 출력하는 것도 가능했다. 일부 기종은 아예 프린터를 본체에 내장하기도 했다. 전용기 워드프로세서는 '문서 작성–저장–출력'이라는 최소한의 사무 자동화를 하나의 완결된 장치로 구현한 도구였다.

이러한 워드프로세서는 1970년대 초부터 선진국의 사무 환경에 도입되기 시작했으며, 한국에서도 1990년대 중반까지 비교적 치열한 시장 경쟁을 보여주었다. 그러나 1990년대에 들어 개인용 컴퓨터가 급속도로 보급되면서 사용자층은 빠르게 줄어든다. 그럼에도 1990년대 말까지 한 줄씩 출력되는 소형 워드프로세서는 휴대성이 뛰어나다는 이유로 일부 사용자들 사이에서 명맥을 유지했다. 1990년대까지 한국에서 워드프로세서 자격증 실기 시험이 존재했을 정도로, 그 위상은 한때 상당했다.

한편 일본에서는 사정이 달랐다. 1980~90년대 일본에서는 워드프로세서 전용기가 대중적으로 크게 유행했으며, '워드프로세서'를 줄여 '와프로(ワープロ)'라고 불렀다. 로마자만으로 문서 입력이 가능한 알파벳 문화권과 달리, 일본어는 한자라는 높은 입력 장벽을 갖고 있었기 때문이다. 이로 인해 입력된 가나(仮名, Kana)를 자동으로 한자로 변환해 주는 IME(입력기) 기능을 전용기기 차원에서 구현할 필요성이 컸다. 즉, 키보드 입력은 곧 변환기술(IME) 문제였고, 초기 PC보다 전용기 와프로가 한자 변환의 안정성에서 우위를 가졌다.

흥미로운 점은 일본의 경우 워드프로세서 전용기와 개인용 컴퓨터의 가나 배열이 서로 달랐다는 사실이다. 이로인해 워드프로세서에서 PC로의 전환에는 상당한 진입 장벽이 존재했고, 그 여파로 오늘날까지도 소수의 워드프로세서 사용자 집단이 남아 있다. 물론 제품 자체는 이미 전 기종이 단종되었고, 부품 수급 역시 어려워 실제로는 기기 전체를 교체해야 하는 경우가 대부분이다.

일본에서는 공공 서류나 취업 과정에서 여전히 자필 문서를 요구하는 사례가 적지 않다. 이 때문에 워드프로세서만으로 문서 작업을 완전히 대체하기는 어려웠고, 그 결과 손글씨 대신 문서를 '써주는' 특수한 워드프로세서까지 등장했다. 전용기 워드프로세서는 이렇게 일본에서 독특한 문화적 잔존 형태를 남기게 되었다.

와프로는 계산과 외부와의 통신을 지원하지 않는다. 문서 작성에만 최적화된 단일 목적 기계였다. 일본의 공공기관과 기업들이 중시한 정서(正書), 서식 정확성, 자간·줄맞춤에 잘 부합했다. 이러한 이유로 다른 나라에서는 이미 단종되었으나 일본에서는 이후에도 상당기간 와프로가 사용되었다.

에듀컨텐츠·휴피아
ECH Educontents·Huepia

09.

특수목적 타자기

타자기는 배려의 도구였다. 시각 장애인들도 글을 쓸 수 있도록 도와주자는 의도가 타자기의 시작이다. 글자를 기계화한다는 것은 비장애인들에게는 속도와 정형화된 글쓰기를 위한 장치였지만 장애인들에게는 생존을 위한 도구였던 셈이다. 하지만 이러한 장치들은 점차 음악용, 부기용, 설계도면용, 암호문 제작 및 해독 등 다양한 용도로 활용처를 넓혀갔다.

속기용 타자기

속기용 타자기, 즉 스테노타이프(stenotype)는 인간의 발화 속도를 문자 기록으로 옮기기 위해 고안된 특수 목적의 타자기다. 오늘날 법원 속기, 의회 기록, 실시간 자막의 핵심 도구로 자리 잡은 이 장치는 19세기 초반부터 이어진 긴 실험과 실패의 결과물이었다. 속기용 타자기는 1830년 독일의 발명가 칼 드라이스(Karl Drais)가 종이에 구멍을 내어 음성을 기록하는 방식의 실험에서 출발했다. 이는 문자 자체를 찍어내는 것이 아니라, 부호화된 흔적으로 말을 기록하려는 시도였다. 이 아이디어는 1863년 이탈리아의 안토니오 미첼라 주코(Antonio Michela Zucco)에 의해 처음으로 기계화된다. 주코의 장치는 곧바로 대중화되지는 않았지만, 1880년 이탈리아 의회에서 실제 기록용으로 채택되며 기계식 속기의 가능성을 증명했다.

미국에서는 1875년 존 세리베르고스(John Celivergos)가 속기 기계를 개발해 특허를 출원하며(일련번호 175892) 기술적 발전이 본격화된다. 이어 1879년, 일리노이주 법원 출입 기자였던 마일스 M. 바르소로미(Miles M. Bartholomew)가 오늘날 스테노타이프의 전신으로 평가받는 기계를 개발했다. 바르소로미는 세인트루이스에 미국 속기제작사(United States Stenograph Corporation)를 설립해 기계를 제작·보급했으며, 초기 사용자 역시 법원 기자와 언론인이 중심이었다. 속기 타자기는 탄생 초기부터 법정과 취재 현장이라는 긴박한 공간에서 사용된 실무 기계였다.

초기 속기 타자기는 나무 틀 위에 배치된 9개의 키를 동시에 눌러 종이에 구멍을 내는 방식이었다. 모든 발음은 당시 널리 사용되던 모르스 부호 체계를 응용해서 표기했다. 왼손 네 손가락, 오른손 네 손가락, 그리고 양손 엄지 하나로 입력하도록 설계되어, 손을 이동시키지 않고도 타이핑이 가능했다. 이러한 설계는 몇 가지 장점이 있었다. 무엇보다 사용자는 화자를 바라본 채 기록할 수 있었고, 어두운 환경에서도 입력이 가능했다.

무엇보다 기록 속도가 비약적으로 향상되었다. 제조사는 분당 600자를 주장했으나, 실제 현장에서는 분당 170~240자가 안정적으로 타이핑이 가능했다. 종이를 자주 교체해야 하는 번거로움을 줄이기 위해 종이테이프 릴(reel)도 도입되었다. 초기 판매가는 당시 기준으로 40달러였다.

속기 타자기에 대한 사회적 수요가 늘어나면서, 이를 배우려는 인구도 급증했다. 이 과정에서 속기사는 점차 하나의 전문 직업으로 자리 잡는다. 그 상징적 인물이 이사벨 헤이스 바로우스(Isabel Hayes Barrows)다. 그녀는 미 국무부에 고용된 최초의 여성 속기사였다. 의학을 공부하던 바로우스는 속기사였던 남편의 병환으로 인해 1868년 국무장관 윌리엄 H. 시워드(William

H. Seward)의 전용 속기사로 일하게 된다. 이후 오스트리아 빈 대학에서 의학을 수학해 미국 최초의 여성 안과의사가 된다. 그녀의 경력은 속기 기술이 여성에게 새로운 전문직 진입 경로를 제공했음을 보여준다.

1913년, 또 다른 법원 출입 기자였던 워드 스톤 아일랜드(Ward Stone Ireland)는 속기 타자기의 구조를 결정적으로 개선한 모델을 발표한다. 아일랜드 역시 역시 법원 출입기자였다. 아일랜드의 속기타자기는 22개의 키보드로 구성되어 있었다. 왼손으로는 첫음절의 자음 9개와 스페이스바를, 오른손으로는 끝음절로 쓰이는 자음 10개를 위치시키고, 아래쪽에는 A·C·E·U의 모음을 위치시켜 기자들이 모든 소리를 다 기록할 수 있게 하였다. 속기처럼 문법적인 고려가 아니라 발음되는 대로 적을 수 있게 한 것이다. 1912년 12월 5일 뉴욕타임즈는 "속기사는 속기 타자기로 넘어가는 운명이다. 겨우 8파운드밖에 되지 않아 점심 도시락 가방처럼 편하게 갖고 다닐 수 있는 간편한 속기 타자기가 개발되면서, 사람들의 말을 간편하게, 알파벳으로 실수 없이 적게 되었다"고 보도했다. 스테노타이프는 최초의 속기 타자기는 아니지만 오늘날 속기 타자기의 기초를 제공해 준 타자기로 기록된다.

이 타자기는 속기 타자기의 모델로 정착해갔다. 약간의 훈련을 통해서 손으로 직접 쓴 속기보다 더 정확한 기록을 할 수 있다는 것이 알려지면서 켄터키주 오웬스보로(Ownesboro)에 있는 아일랜드가 설립한 유니버셜 속기회사는 번성하였다. 아일랜드는 엄청난 부를 축적하게 된다. 그러나 1914년 제1차 세계대전이 발발하면서 상황은 급변한다. 미 정부의 생산 총동원령에 따라 아일랜드의 공장은 군수 공장으로 전환되어 탄약을 생산하게 된다. 전쟁이 끝나자 군수 수요는 사라졌고, 회사는 결국 파산에 이른다.

1920년대 속기사가 여성직업으로 각광을 받으면서 1925년 12월 24일자 시카고트리뷴은 남성 5명에서 "신부감으로 교사가 좋을까, 아니면 속기사가 좋을까"라는 질문과 인터뷰를 싣기도 하였다. 아일랜드가 설립한 속기타자기 제조사가 부도를 맞았지만 속기 타자기 제조는 우연한 계기를 통해서 부활하게 된다. 계기는 시카고 지역의 라살레 개방대학교(LaSalle Extension University)에 1920년대초 아일랜드의 속기를 배운 여성이 입학을 하게 된다. 그 여학생이 속기 타자기를 사용하는 것을 우연히 본 당시 부총장인 밀톤 라이트(Milton Wright)는 속기에 관심을 갖게 된다. 그는 1927년 라살레 개방대학교를 설득하여 아일랜드의 부도난 회사의 특허와 장비를 사들여 가르치자고 설득하였다. 그러면서 라이트는 교육과정으로 속기 타자기 과목을 개설, 학생들에게 속기타자기 사용법을 교육시켰다.

1936년에는 아예 속기사 양성소(Stenotype Institutions)로 알려진 미 전역의 학교들에게도 자체 제작한 속기 타자기를 공급하고, 이를 배우려는 학생들에게 교육을 직접 가르치기도 했다. 학생들이 수업 등록비는 속기사 양성소에 내면, 속기사 양성소는 라살레 개방대학과 수익을 배분하였다. 그러다가 1948년부터는 협력계획(Co-operative plan)을 종료하였다. 아이러니하게도 속기 타자기를 개발했던 아일랜드는 대공황시기인 1929년에 밀톤 라이트(Milton Wright)의 속기타자기 회사에서 물품배송 담당을 하면서 말년을 보내게 된다.

밀톤 라이트는 속기 타자기의 안정적 공급을 할 수 있는 회사를 찾아 다녔다. 하지만 이를 실패하자, 부동산을 통해서 벌어들였던 자신의 재산을 처분하여 1939년 아들 로버트 라이트와 함께 속기 타자기 회사를 설립하고, 1939년 12월에 첫 속기타자기를 제조하였다. 하지만 은행에서 대출을 받아 공장을 운영하면서, 빚이 늘어나면서 어려움을 겪게 되었다. 그래서 제조대신에 판매만 하는 쪽으로 방향을 돌렸다. 그러다가 새로운 타자기 모델의 제작자로 허드맨(Hedman)과 계약을 맺고 새로운 타자기를 제작하기 시작하였다.

이 시기 제조된 속기타지기는 The Hedman company라는 브랜드로 출시되었다. 허드맨으로부터 22.50달러에 납품받아 도매상에는 40달러 정도에, 소매점에서는 52달러에 판매하는 방식이었다. 그동안 라살레 개방대학교 타자기의 단점 등을 개선하면서 시장에서 인기를 끌기 시작하면서 나중에는 라살레 개방대학교에까지 납품하게 된다.

라이트와 허드맨과의 관계는 그리 좋은 결론으로 이어지지 않았다. 점차적으로 허드맨의 제조된 속기타자기에 하자가 늘어나자, 1950년대에 허드맨 회사와 계약을 종료하고 다시 직접 제조하기 시작하였다. 미국과 소련의 냉전기에 속기 타자기는 소련의 암호를 해석하고, 소련 정부에서 발간한 신문인 프라우다(Pravda)와 이스베스티아(Izvestia) 등을 번역하는데에도 속기 타자기가 사용되기 시작하였다.

하지만 2차대전이 발발하면서 속기 타자기는 다시 위기를 맞게 된다. 당시 미 정부에서 모든 금속 원료를 군사용으로만 사용하도록 하였기 때문이다. 그렇기에 속기타자기를 사용하기 위해서는 고철을 사서, 이를 재가공하는 형태로 사용하여야 했다. 1960년대에는 금속 대신에 플라스틱을 활용한 속기 타자기 제조를 모색되었드나 개발이 더졌다. 플라스틱 재료로 바탕으로 한 속기 타자기는 1982년에야 사용하게 된다.

1987년에는 컴퓨터 플로피 디스크에 글씨를 직접 쓸수 있는 속기용 타자기가 개발되어 Smartwriter라는 이름으로 판매되었다. 최초의 DOS속기 타자기였다. 또한 1992년에는 액정모니터를 갖은 Stentura 시리즈가 개발되기 시작하였다. 또한 2000년대 들어서는 종이와 잉크, 리본이 필요없는 전자식 속기 타자기가 개발, 보급된다.

하지만 2차대전이 발발하면서 속기 타자기는 다시 위기를 맞게 된다. 당시 미 정부에서 모든 금속 원료를 군사용으로만 사용하도록 하였기 때문이다. 그렇기에 속기타자기를 사용하기 위해서는 고철을 사서, 이를 재가공하는 형태로 사용하여야 했다. 1960년대에는 금속대신에 플라스틱을 활용한 속기 타자기를 제조가 모색되었드나 1982년에야 플라스틱를 재료로 한 속기타자기가 사용되었다. 1987년에는 컴퓨터 플로피 디스크에 글씨를 직접 쓸수 있는 속기용타자기가 개발되어 Smartwriter라는 이름으로 판매되었다. 최초의 DOS속기 타자기였다. 또한 1992년에는 액정모니터를 갖은 Stentura 시리즈가 개발되기 시작하였다. 또한 2000년대 들어서는 종이와 잉크, 리본이 필요없는 속기타자기들이 개발되었다.

악보용 타자기

초기 타자기 발달과정에서 피아노 건반이 키보드로서도 사용되었다. 마찬가지로, 타자기 개발 초기에서부터 음악을 기록하기 위한 기계적 장치에 대한 수요는 꾸준히 존재해 왔다. 이에 따라 타자기 개발자들 역시 음악 전용 타자기를 개발하려는 시도를 지속적으로 이어갔다. 1891년 미국 인디애나폴리스에 거주하던 존 헨리 그린(John Henry Green)은 기존 타자기를 음악 표기에 활용하기 위한 특허를 신청하였다. 그린의 구상은 타자기의 외형이나 구조를 근본적으로 변경하는 것이 아니라, 기존 알파벳 자판을 4분음표, 8분음표, 16분음표 등 음악 기호로 대체하는 방식이었다. 그는 이를 통해 기존 타자기의 범용성을 유지하면서도 음악 표기를 가능하게 하고자 했다.

그러나 이러한 방식에는 기술적 한계가 분명히 존재했다. 박자를 기입하는 작업은 상대적으로 수월했지만, 오선지 위에서 음정을 정확하게 위아래로 배치하는 것은 쉽지 않았다. 타자기의 기본 구조상 활자의 위치를 미세하게 조정하는 데 제약이 있었기 때문이다. 이를 해결하기 위해 그린은 활자의 위치를 조정하는 대신, 종이를 소폭 이동시키는 방식을 선택하였다. 즉, 음표 자체는 동일한 위치에서 찍되, 종이의 상하 이동을 통해 음정 차이를 표현하는 방식을 채택한 것이다.

이후 약 5년 뒤인 1896년 찰스 사피로(Charles Spiro)는 자신이 개발한 콜롬비아 타자기(Columbia typewriter)를 음악 표기에 활용할 수 있도록 개조하였다. 사피로의 방식은 기존 알파벳이 새겨진 타입 휠을 제거하고, 음표와 각종 음악 기호가 새겨진 새로운 타입 휠을 장착하는 것이었다. 이를 통해 음표와 조표, 박자 기호 등을 직접 타이핑할 수 있도록 설계하였다. 그러나 이 역시 제한적인 활용에 그쳤으며, 음악 타자기가 대중적으로 정착하는 데에는 이르지 못했다.

이러한 실험적 시도들이 실질적인 결실을 맺기까지는 1950년대 중반을 기다려야 했다.

본격적인 음악 타자기의 발전은 세실 에핑거(Cecil Effinger)에 의해 이루어졌다. 에핑거는 대학에서 수학을 전공했으나 어린 시절부터 바이올린과 오보에 등의 음악 교육을 받았다. 그는 1940년대 초반에는 콜로라도 대학의 음악대학과 맹학교에서 작곡을 가르쳤으며, 이후에는 덴버 포스트(The Denver Post)의 음악 담당 기자로 활동하기도 했다. 1945년 프랑스에 위치한 아메리칸 대학(American University)에서 강의하던 중, 그는 한 악기상을 방문하면서 기존 음악 표기 방식의 비효율성에 대해 문제의식을 갖게 되었다.

이 경험을 계기로 에핑거는 음악 표기의 기계화 가능성에 대해 본격적으로 고민하기 시작했다. 그의 기본 원칙은 두 가지였다. 첫째, 알파벳 대신 음표와 음악 기호를 직접 입력할 수 있어야 한다는 점, 둘째, 입력된 음표가 오선지 위에서 정확한 위치에 배치될 수 있어야 한다는 점이었다. 이러한 문제의식은 당시 미국 음악계가 처한 현실과도 밀접하게 연결되어 있었다. 1940년대 미국에서는 악보의 유통이 원활하지 않아, 연주자와 교육자들이 필요한 악보를 확보하는 데 상당한 어려움을 겪고 있었다.

1948년 에핑거는 콜로라도 스프링스에 위치한 로열(Royal) 타자기 회사의 대표를 만나 음악 타자기 제작 가능성을 타진하였고, 이어 IBM으로부터 기술적 자문을 받아 첫 번째 모델을 제작하였다. 이후 1949년에는 콜로라도 대학의 창의 연구기금 1,000달러를 지원받아 이를 바탕으로 개발을 이어갔으며, 1950년 12월에는 실제 사용이 가능한 음악 타자기 모형을 완성하였다. 이 모델은 IBM의 전동 타자기를 참고하여 설계되었다.

에핑거는 이후 뉴욕의 언더우드, 로열, IBM, 레밍턴 랜드 등 주요 타자기 제조사들을 직접 방문하여 자신의 발명품을 설명하였다. 이들 기업은 음악 타자기의 필요성에는 일정 부분 공감했으나, 시장 규모가 지나치게 작고 기계 구조가 복잡하다는 이유로 제작에 나서지는 않았다. 이러한 상황 속에서 1954년, 에핑거는 미 특허청으로부터 음악 타자기에 대한 특허 승인 통보를 받았다.

그는 이후 전략을 수정하여 R.C. 앨런 타자기 회사에 접근하였다. 이번에는 완전히 새로운 기계를 제작하는 방식이 아니라, 기존 타자기에 보조 장치를 추가하는 방식으로 방향을 전환하였다. 에핑거는 콜로라도 음악대학 학생들에게 음악 타자기 작성법을 교육한 뒤, 앨런 타자기 최고위층 앞에서 직접 시연을 진행하기도 했다. 이러한 노력 끝에 앨런 타자기는 1955년 6월 에핑거와 함께 음악 타자기 제작을 결정하였다.

기존 앨런 타자기를 약 40시간에 걸쳐 개조한 이 제품은 '뮤직라이터(Musicwriter)'라는 이름으로 공개되었다. 1955년 6월 덴버에서 열린 사무용품 전시회에서 처음 소개된 음악 타자기는 주간지 타임(Time)의 보도를 통해 전국적인 주목을 받았다. 분당 약 60개의 음표를 입력할 수 있다는 점은 큰 관심을 불러일으켰으며, 시카고와 뉴욕, 세인트루이스 등 동부와 중부 지역뿐 아니라 캘리포니아 등지에서도 시연 요청이 이어졌다. LA 타임스는 "2~3주 정도의 연습만으로도 손으로 쓰는 것보다 빠르게 악보를 제작할 수 있다"고 평가하였다.

1956년 초기 판매가는 300달러였으나, 1960년에는 개인용 420달러, 출판사용 465달러로 인상되었다. 이후 스미스 코로나 등 다른 제조사들도 관심을 보였지만, 연간 판매량은 약 200대 수준에 머물렀다. 에핑거는 1960년대부터 컴퓨터를 활용한 악보 제작에도 관심을 기울였으나, 가시적인 성과를 내지는 못했다. 다만 1988년 IBM의 휠라이터(Wheel writer)에 음악 입력 장치가 장착되면서 전자식 악보 제작이 가능해졌고, 1990년까지 약 35년간 총 5,000여 대의 음악 타자기가 개조·판매되었다. 이 시기 교회 성가대와 음악 밴드, 음악 교재의 약 80%가 에핑거의 음악 타자기를 통해 제작되었다.

한편 기존 타자기에 장치를 추가하는 방식 외에도, 처음부터 악보 전용으로 설계된 타자기도 등장했다. 대표적인 사례가 로버트 H. 키튼(Robert H. Keaton)의 악보 타자기이다. 키튼은 1936년 14개의 키로 구성된 악보 타자기 특허를 제출했으며, 1953년에는 #이나 b와 같은 다양한 음악기호를 추가, 키수를 33개로 늘린 개량형 특허를 출원하였다. 이 타자기는 자판을 원형으로 배치하고, 알파벳 대신 음표와 음악 기호를 직접 입력할 수 있도록 설계되었다. 또한 일반적인 사무용 타자기와 달리 종이를 기계 위가 아닌 아래에 배치하는 구조를 채택하였다.

키튼의 특허 문서에는 이 기계가 작곡가, 편곡자, 교사, 학생을 위한 장치라고 명시되어 있었으나, 실제 주요 구매자는 출판업자와 교육 기관이었다. 작곡가들은 이러한 기계적 방식보다는 여전히 손으로 직접 악보를 그리는 전통적인 방식을 선호했기 때문이다. 결과적으로 음악 타자기의 역사는 기술적 실험과 문화적 관행, 그리고 시장의 제약이 교차한 사례라 할 수 있다. 비록 오늘날에는 컴퓨터 기반 악보 제작으로 대체되었지만, 음악 타자기는 음악 표기의 기계화와 디지털화로 나아가는 과정에서 중요한 과도기적 장치로 평가될 수 있다.

장애인용 타자기

타자기는 그 기원부터 시각장애인의 불편을 덜어주려는 문제의식과 맞닿아 있었다. 헨리 밀(Henry Mill)의 특허 신청 이후 약 100년이 지난 1808년, 이탈리아의 펠레그리노 투리

(Pellegrino Turri)는 최초의 타자기 모형을 제작한 인물로 알려져 있다. 투리는 먹지(carbon paper)를 개발한 발명가로도 잘 알려져 있으나, 그가 제작한 타자기 실물은 현재까지 전해지지 않는다. 다만 그가 타자기 모형을 제작했다는 사실은 여러 문헌 기록을 통해 확인된다.

투리의 발명 배경에는 사랑이라는 인간적 동기가 담겨있었다. 기록에 따르면 그는 귀족 여성 콘테사 판토니(Contessa Fantoni)와 사랑에 빠졌으며, 어린 시절 시력을 잃어가던 그녀가 글을 읽고 쓸 수 있도록 하기 위해 문자를 찍어낼 수 있는 기계를 고안했다. 이 이야기에서 타자기는 단순한 사무기기가 아니라, 시각장애인이 세상과 소통하기 위한 매개 장치로 등장한다. 이러한 서사는 이후 The Blind Contessa's New Machine라는 소설로 재구성되기도 했다. 한편, 콘테사의 사촌인 아고스티노 판토니가 기본 구상을 하고 투리가 기계를 완성했다는 또 다른 전승도 존재한다. 사실 여부를 떠나, 이 이야기들은 초기 타자기가 장애인의 의사소통 문제와 깊이 연관되어 있었음을 상징적으로 보여준다.

현재까지 실물로 확인 가능한 시각장애인용 타자기의 가장 오래된 사례는 독일에서 개발된 피치(Picht) 인덱스 타자기이다. 독일 드레스덴 인근에서 활동한 오스카 피치(Oscar Picht)는 브롬베르크 지역 맹인학교의 책임자로 재직하며 시각장애인 교육에 종사했다. 그는 1899년부터 시각장애인을 위한 타자기 개발에 착수하여, 1901년 관련 특허를 취득하였다.

피치 인덱스 타자기는 중앙 오른쪽에 위치한 점자판의 인덱스를 움직이면 내부의 활자 볼이 회전하면서 문자가 인쇄되는 구조였다. 그러나 이 장치는 인쇄 결과가 점자가 아닌 일반 문자였기 때문에, 시각장애인이 스스로 작성한 내용을 즉시 확인할 수 없다는 치명적인 한계를 지니고 있었다. 피치는 이러한 문제를 인식하고 개선을 시도했으며, 1932년에는 점자 입력이 가능하도록 설계된 새로운 타자기로 추가 특허를 받았다. 그는 이후 베를린 주정부 산하 시각장애인 연구소의 국장을 역임하며, 시각장애인 보조기기 개발과 제도화에 기여했다.

20세기 중반 이후 가장 널리 보급된 시각장애인용 타자기는 퍼킨스 맹인학교(Perkins School for the Blind)에서 개발된 퍼킨스 브래일러이다. 퍼킨스 맹인학교의 교장 가브리엘 패럴(Gabriel Farrell) 박사는 당시 시중에 판매되던 브래일러의 성능에 깊은 불만을 품고, 교사인 데이비드 아브라함(David Abraham)에게 새로운 기계 설계를 의뢰하였다. 학생 교육 현장에서의 경험을 바탕으로 아브라함은 1939년 새로운 브래일러 개발에 성공했으나, 제2차 세계대전의 발발로 인해 대량생산은 지연되었다.

결국 최초의 상용 제품은 1951년에 출시되었으며, 아브라함은 1960년 은퇴할 때까지 개발과 개량에 관여했다. 퍼킨스 브래일러는 외형상 단순해 보이지만, 내부에는 500개 이상의 부품이 정밀하게 조립된 기계였다. 이후 미국에서만 30만 대 이상이 제작·보급되었으며, 퍼킨스 맹인학교는 2008년에도 개량형 신제품을 선보이며 이 전통을 이어갔다.

'브래일(Braille)'이라는 명칭은 프랑스의 맹인 루이 브라유(Louis Braille)가 1821년에 고안한 점자 체계에서 유래하였다. 초기 브래일 도구는 두꺼운 보드에 구멍을 뚫는 방식으로 제작되어 속도와 정확성 면에서 한계가 있었다. 이러한 문제를 해결하고자 일리노이 시각장애인 교육소의 교장이었던 프랭크 F. 홀(Frank F. Hall)은 1892년 기계식 브래일러를 고안하였다. 홀은 이 장치에 대해 특허를 출원하지 않고 직접 제작·판매를 선택하였다. 제작 원가는 약 10달러였으며, 판매가는 11달러로 책정되어 사실상 이윤을 남기지 않는 방식이었다. 이는 홀의 발명이 상업적 목적보다는 교육적·공공적 동기에 기반하고 있었음을 보여준다.

이외에도 뱅크스 휴대용 브래일러(Banks Pocket Braille Writer)가 있다. 이 브래일러는 영국의 의사 알프레드 뱅크스(Alfred Banks)가 1930년에 개발한 휴대용 브래일러이다. 미국에서는 IBM이 이를 제작·보급하였다.

독일 라이프치히에서 생산된 블린덴 힐프스 미텔(Blinden hilfs mittel)은 1980년대부터 1989년까지 동독 지역에서 제조된 시각장애인용 타자기로, 사회주의 체제하의 보조기기 생산 사례를 보여준다. 러시아 상트페테르부르크에서 제작된 코바코(Kovako) 타자기는 약 100여 대만 생산된 희귀 기종으로 알려져 있다. 19세기 핀란드에는 맹인학교가 없어, 시각장애인들이 브래일 교육을 받기 위해 러시아로 이동해야 했으며, 이로 인해 코바코 타자기가 핀란드에서도 발견되는 사례가 보고된다.

장애인용 타자기는 시각장애인에 국한되지 않았다. 전쟁으로 인해 손이나 팔을 잃은 이들을 위해 한 손 조작이 가능하도록 설계된 타자기, 발이나 팔꿈치를 이용해 입력할 수 있는 특수 장치도 개발되었다. 독일의 미농 타자기를 개조한 장애인용 타자기들은 단순한 보조기기를 넘어, 신체적 제약 속에서도 글쓰기를 가능하게 하는 사회적 재활 도구로 기능하였다. 타자기의 역사는 곧 기술이 인간의 결핍을 어떻게 보완해 왔는지를 보여주는 역사이기도 하다.

설계용 타자기

설계용 타자기는 독일에서 1960년대에 등장한 이른바 레터링(lettering) 타자기에서 그 전형을 찾을 수 있다. 여기서 레터링은 '편지(letter)'를 의미하는 것이 아니라, 글자를 만들거나 변형한다는 의미에 가깝다. 즉, 단순히 문장을 기록하는 것이 아니라, 글자 자체를 하나의 시각적 요소로 다루는 작업을 뜻한다. 이러한 타자기는 기본 글자를 찍은 뒤, 형태를 부분적으로 수정하거나 변형하여 글자에 장식성과 미적 가치를 부여하는 데 목적이 있었다.

이 때문에 설계용 타자기는 일반 종이뿐 아니라 찰흙, 필름, 얇은 플라스틱 등 다양한 재료 위에 글자를 새길 수 있도록 고안되었다. 건축 도면이나 공학 설계도에서는 글자 역시 도면의 일부로 기능하기 때문에, 선의 굵기와 위치, 균형이 중요했다. 따라서 설계자는 도면을 먼저 완성한 뒤, 글자를 마지막 단계에서 정확한 위치에 배치해야 했고, 한 글자 한 글자에 상당한 정성을 기울여야 했다.

이러한 특성 때문에 설계용 타자기는 휴대성이 강조되었다. 대형 도면 위를 자유롭게 이동하며 사용할 수 있도록 비교적 가볍게 제작되었으며, 글자를 도면의 특정 지점에 정확히 배치할 수 있도록 대형 자와 함께 판매되는 경우가 많았다. 이는 설계용 타자기가 단순한 사무기기가 아니라, 정밀한 제도 도구의 일부로 인식되었음을 보여준다.

이러한 설계용 타자기 가운데 대표적인 제조사가 바로 독일의 그리츠너(Gritzner)이다. 이들 제품은 흔히 설계도면 타자기(blueprint typewriter)나 건축가용 타자기(architect's typewriter)로 불렸으며, 동시에 받침통이 없는 타자기(platenless typewriter)라는 명칭으로도 알려져 있다. 일반적인 타자기에는 종이를 감아 고정하는 원통형 받침통(platen)이 존재하지만, 그리츠너의 설계용 타자기는 이미 펼쳐진 도면 위에 위에서 아래로 활자를 찍는 방식이었기 때문에 반발력을 조절하는 받침통이 필요하지 않았다. 이는 대형 도면 작업에 최적화된 구조였다.

그리츠너는 원래 타자기 회사가 아니라 재봉틀 제조사였다. 이 회사는 1872년 독일 두라크(Durlach)에서 맥시밀리언 그리츠너(Maximilian Gritzner)에 의해 설립되었다. 그는 미국의 싱어(Singer) 재봉틀을 모델로 삼아 제품을 제작하였으며, 1881년 대형 공장 화재를 겪었음에도 비교적 빠르게 경영을 회복하였다. 이후 1902년에는 자전거 생산에, 1903년에는 오토바이 생산에도 참여하며 사업 영역을 확장하였다.

1910년 무렵 그리츠너 회사는 누적 판매량 200만 대를 기록할 정도로 성장하였으며, 1925년에는 독일의 또 다른 재봉틀 회사인 프리스터 & 로스만(Frister & Rossmann)을 인수합병하였다. 전성기에는 약 2,400명의 직원을 고용하고 연간 100만 대의 재봉틀을 생산할 만큼 독일을 대표하는 제조업체로 자리 잡았다. 그러나 이후 재봉틀에 대한 수요가 점차 감소하면서 회사 역시 쇠퇴의 길을 걷게 되었고, 결국 1957년까지 영업을 지속한 뒤 프라프(Pfaff)에 경영권을 넘기게 된다.

재봉틀 회사였던 그리츠너가 타자기를 생산했다는 점은 다소 의외로 보일 수 있다. 그러나 이는 1925년 인수한 Frister & Rossmann의 기업 이력과 밀접한 관련이 있다. 이 회사는 이미 1892년 미국의 칼리그라프(Caligraph) 타자기를 라이선스 생산한 경험이 있었으며, 1905년에는 선(Sun) 2 타자기를 제작한 바 있다. 더 나아가 1913년부터는 센타(Senta)와 프레스토(Presto)라는 자체 브랜드 타자기를 생산해 왔다.

이처럼 그리츠너는 재봉틀 분야에서 축적한 정밀기계 제작 기술과, 인수합병을 통해 확보한 타자기 생산 경험을 결합하여 설계용 타자기라는 특수한 시장에 진입할 수 있었다. 20세기 초 이미 100만 대 이상의 재봉틀을 판매하며 독일을 대표하는 기계 제조사로 성장한 이 기업의 기술적 기반은, 건축과 공학 설계를 위한 레터링 타자기 개발로 자연스럽게 확장되었다고 볼 수 있다.

설계용 타자기는 결국 글자를 기록하는 도구라기보다, 도면 위에 배치되는 시각적 요소를 제작하는 기계였다. 이는 타자기가 단순한 사무 자동화 기계를 넘어, 디자인과 설계의 영역으로까지 확장되었음을 보여주는 중요한 사례라 할 수 있다.

주소록 타자기

오늘날에는 이메일과 디지털 문서가 주요한 소통 수단이 되었지만, 여전히 중요한 문서와 고지서는 편지봉투를 통해 가정으로 전달된다. 특히 고객 관리의 측면에서 주소 정보는 기업 활동의 핵심 자산이라 할 수 있다. 정기적으로 고객에게 감사 편지나 할인 쿠폰을 발송하는 기업의 경우, 이러한 우편물은 고객과의 관계를 유지하는 중요한 매개 역할을 한다. 그러나 예컨대 한 기업이 1,000명의 고객에게 요금 청구서를 발송해야 한다고 가정할 경우, 이를 모두 수작업으로 작성한다면 상당한 시간과 인력이 소요될 수밖에 없다. 이 점에서 주소 정보가 자동으로 인쇄되는 시스템은 노동력을 획기적으로 절감하는 수단이었다.

이러한 필요성 속에서 등장한 기계가 바로 주소 타자기(Addressograph)이다. 주소 타자기 회사는 1896년에 설립되었으며, 그 기원은 조세프 던컨(Joseph S. Duncan)이 1892년에 고안한 장치에 있다. 던컨의 초기 발명은 각기 다른 고객의 주소를 직사각형 모양의 나무 블록에 새기는 방식이었다. 이후 기술이 발전하면서 나무 대신 직사각형의 금속판에 주소를 엠보싱하는 방식으로 전환되었다. 이 금속판은 잉크가 묻은 고무 롤러를 통과하면서 마치 도장을 찍듯 주소를 인쇄할 수 있었다. 이러한 직사각형 금속 주소판은 '그래포타입(Graphotype)'이라 불렸다.

주소 타자기 시스템은 크게 세 가지 요소로 구성된다. 첫째는 고객 주소를 엠보싱하여 그래포타입을 제작하는 기계, 둘째는 완성된 그래포타입을 체계적으로 분류·보관하는 서류 상자, 셋째는 필요할 때 이를 빠르게 인쇄하는 복사 장치인 듀플리그래프(Dupligraph)이다. 주소 타자기는 형태와 성능에 따라 가격 차이가 컸다. 인덱스 타자기 형태의 주소 타자기는 약 345달러에 판매되었고, 일반 타자기와 유사한 자판형 모델은 850달러 이상의 고가 제품이었다. 반면 소형 주소 타자기는 약 18달러 수준이었기 때문에, 작업 속도는 다소 느렸지만 소규모 상점이나 개인 상인들에게 널리 활용되었다.

주소 타자기를 통해 제작된 그래포타입은 흔히 군번 인식표, 이른바 '개목걸이(dog's tag)'와 유사한 외형을 지닌다. 주소가 음각된 그래포타입은 지역이나 고객 유형별로 분류되어 상자에 보관되며, 필요할 경우 이를 인쇄기에 장착하면 즉시 주소 인쇄가 가능했다. 초기 시스템에서도 시간당 약 1,800장의 인쇄가 가능했기 때문에, 고객 수가 많은 기업일수록 그래포타입을 한 번 제작해 두면 반복 업무의 효율성이 크게 향상되었다. 시간이 지나면서 중요한 것은 주소 인쇄 속도뿐만 아니라, 그래포타입을 얼마나 빠르게 제작할 수 있는가였다.

이에 따라 전동 주소 타자기는 시간당 7,500개의 주소를 처리할 수 있을 정도로 발전하였다. 그래포타입에 담긴 고객 주소 정보는 반영구적으로 사용할 수 있었으나, 고객의 주소 변경이 발생할 경우 이를 수시로 업데이트해야 하는 관리 부담도 존재했다. 그래포타입 제작 장치가 고가였기 때문에, 주소 타자기를 직접 보유하지 않고 그래포타입 제작만을 대행해주는 전문 업체들도 등장하였다. 이 경우 상점 주인은 고객 주소 목록을 제공하면, 대행 업체가 그래포타입을 제작해 주고, 상점은 이를 보관하다가 필요할 때 인쇄기에 넣어 주소를 출력하는 방식이었다.

주소 타자기는 이후 신용카드 기술의 발전에도 중요한 역할을 하게 된다. 신용카드에 고객 정보를 엠보싱하는 방식 역시 주소 타자기의 기술적 기반 위에서 발전한 것이었다. 1950년대 초반 미국 로스앤젤레스에서 스탠리 대쉬우(Stanley Dashew)는 직사각형 금속판에 고객의 이름과 일련 번호를 찍어 개인의 신원을 보증하는 방식을 고안하였다. 이때 사용된 장치가 바로 주소 타자기였다. 초기 신용카드는 금속판 형태였으나, 1961년 다이너스클럽(Diners Club)에 의해 플라스틱 카드로 전환되었다. 다이너스클럽은 플라스틱 카드에 고객 이름과 카드 번호를 엠보싱하여 배포했으며, 카드 발급 시 약 15달러의 비용이 부과된 것도 이러한 제작 과정에서 발생한 비용과 관련이 있다.

주소 타자기 제조사인 어드레서그래프(Addressograph)는 20세기 말 경쟁 업체였던 멀티그래프(Multigraph)와 합병하였으며, 이로 인해 일리노이주에 기반을 둔 AM International이 탄생하였다. 이와 더불어 Addressograph 외에도 릴리퍼그래프(Reliefograph)와 같은 기업들이 유사한 주소 인쇄 장치를 개발·출시하며 시장 경쟁에 참여하였다.

결국 주소 타자기는 단순한 사무기기를 넘어, 대량 행정 처리와 고객 관리, 나아가 신용 정보 시스템의 형성에까지 영향을 미친 핵심 기술이었다. 이는 문자를 '찍는' 기술이 어떻게 근대 기업 운영과 금융 시스템의 기반으로 확장되었는지를 보여주는 대표적인 사례라 할 수 있다.

대량인쇄 타자기(Manicopy)

제록스(Xerox)가 전기사진술을 이용한 종이 복사기를 발명한 것은 1959년의 일이다. 그렇다면 복사기가 등장하기 이전에는 동일한 내용을 담은 문서를 어떻게 여러 장 제작했을까. 타자기는 기본적으로 한 번의 타이핑으로 한 장의 문서만을 생산할 수 있는 장치였다. 동일한 문서를 여러 부 작성하려면 먹지(carbon paper)를 겹쳐 놓고 타자를 치는 방법이 유일했다. 그러나 먹지를 두세 장 이상 사용하게 되면, 아무리 타자기의 타격력이 강하더라도 아래쪽 문서는 글자가 흐릿해질 수밖에 없었다.

이러한 문제를 해결하려는 시도 가운데 하나가 바로 매니카피(Manicopy)라는 기계였다. 1998년 12월에 발간된 타자기 수집가들의 소식지 엣셋테러(ETCetera)에 따르면, 미국 일리노이주 시카고 지역을 기반으로 한 매니카피 회사는 1924년에 투자자들을 대상으로 한 상품 설명서를 제작한 것으로 알려져 있다. 해당 설명서에는 "한 명의 여성 속기사가 타자기 자판 앞에서 한 장의 문서를 타이핑하더라도, 원하는 수량만큼 문서를 만들 수 있다"는 문구가 포함되어 있었다.

매니카피의 가장 큰 특징은 타이핑과 동시에 종이에 인쇄되지 않는다는 점이었다. 이로 인해 입력 도중 발생한 오탈자를 수정할 수 있다는 장점이 있었다. 오늘날 대형 복사기와 유사한 크기의 매니카피 내부에는 수많은 개별 활자가 장착되어 있었는데, 이는 전통적인 인쇄소에서 문선공이 활자 서랍에서 필요한 활자를 하나씩 꺼내어 조판하는 방식과 유사했다. 타이핑 과정은 곧 활자를 선택·배치하는 과정이었으며, 이를 통해 문서의 조판이 완성되었다.

문서 인쇄가 완료되면 스위치 하나로 사용된 활자들이 자동으로 해체되어 원래의 위치로 되돌아가도록 설계되었다. 이를 통해 다음 문서 작성을 위한 준비가 즉시 가능하도록 한 것이다. 즉, 매니카피는 타자기 기능뿐 아니라 문선, 조판, 인쇄 기능을 하나의 장치에 통합한 기계라 할 수 있다. 회사 측은 이 기계를 통해 '무제한 문서 작성'이 가능하다고 주장했지만, 실제로는 보유한 활자 세트의 수량이 핵심적인 제약 조건이었다. 예를 들어 'samsung'이라는 단어에는 's'가 두 번 사용되므로, 해당 활자를 최소 두 세트 이상 갖추어야 했다. 중복되는 알파벳 수만큼 활자를 추가로 구비해야 한다는 구조적 한계가 존재했던 셈이다.

이 기계는 체스터 매코믹(Chester Macomic)에 의해 개발되었다. 매코믹은 수년간 타자 문서를 반복적으로 복제하는 업무에 종사한 경험을 바탕으로 이 장치를 구상하였다. 당시 35줄 분량의 타자 문서를 다시 타이핑하여 복제하는 데에는 보통 두 시간이 넘게 소요되었으며, 그는 이러한 반복 노동을 근본적으로 줄이기 위해 타자기와 활자 인쇄기의 기능을 결합하는 방식을 고안했다.

매니카피의 또 다른 장점으로 제시된 것은 사용한 활자를 자동으로 원래 위치로 되돌리는 기능이었다. 전통적인 인쇄소에서는 문선공이 활자를 사용한 뒤 다시 활자별로 분류해 서랍에 정리해야 했으며, 이 과정은 매우 번거롭고 시간이 많이 걸리는 작업으로 인식되었다. 매니카피 회사는 이러한 과정을 단 몇 초 만에 해결할 수 있다고 주장했으나, 실제로 이 기능이 어떤 기술적 메커니즘을 통해 구현되었는지에 대한 구체적인 기록은 남아 있지 않다.

매니카피 회사는 투자자 안내 자료에서 이 기계의 제작비가 약 400달러인 반면, 판매 가격은 1,250달러로 책정되었다고 밝혔다. 또한 시장 수요를 보수적으로 추산하더라도 약 8만 개의 잠재적 고객 업체가 존재할 것으로 전망하였다. 연간 1만 2,000대만 판매하더라도 연간 1,000만 달러 이상의 수익을 올릴 수 있다고 계산했으며, 재정적으로 부담을 느끼는 소비자를 위해 분할 납부 제도 도입도 검토 중이라고 설명했다. 안내 책자는 자사 제품을 신대륙을 발견한 콜럼버스와 전기를 발명한 에디슨에 비유하며, 새로운 '금맥'이 열릴 것이라 강조하고 투자 참여를 적극적으로 권유했다.

그러나 이러한 장밋빛 전망과 달리, 실제로 매니카피가 상업적으로 성공했는지는 확인되지 않는다. 1,250달러라는 높은 가격과 기계 구조의 복잡성으로 인해 시장 반응은 제한적이었을 가능성이 크다. 현재까지 매니카피가 본격적으로 생산·판매되었다는 확실한 증거는 발견되지 않았으며, 남아 있는 자료 역시 투자자들에게 발행된 유가증권과 안내 문서에 국한되어 있다. 이로 인해 매니카피는 시제품 단계에서 멈춘 채, 과장된 사업 설명서만 남긴 사례였을 가능성도 제기된다.

그럼에도 불구하고 매니카피는 복사기가 등장하기 이전, 문서 복제 문제를 해결하려는 기술적 상상력과 실험이 얼마나 다양했는지를 보여주는 흥미로운 사례라 할 수 있다. 이는 당시의 벤처 사업가들이 타자기를 중심으로 새로운 사무 기술의 가능성을 탐색하며 투자자를 모집했던 시대적 분위기를 잘 드러내준다.

책 타자기 (Book Typewriter)/ 부기 투자기(Bookkeeping Typewriter)

일반적으로 책 제본용 타자기의 기원은 일리어트 타자기(Elliott typewriter)에서 시작되었다고 설명된다. 1897년에 제작된 일리어트-해치(Elliott-Hatch) 타자기와 1903년에 등장한 일리어트-피셔(Elliott-Fisher) 타자기가 그 출발점으로 널리 알려져 있기 때문이다. 그러나 이러한 통설보다 앞선 시기에 이미 '책 제본 타자기'라는 개념이 존재했음을 보여주는 기록도 발견된다. 1891년 11월 발간된 사이언티픽 아메리칸(Scientific American)에는 오스틴 로웨(Austin Lowe)가 고안한 '언리미티드(Unlimited)'라는 책 타자기가 소개되었다.

이에 앞서 미네소타주 미니애폴리스에서 발행되던 지역신문 미니에폴리스 메신저(Minneapolis Messenger)는 1891년 3월 12일자 기사에서, 로웨가 최근 타자기 샘플을 완성하고 투자자를 모집 중이라는 소식을 전했다. 신문은 로웨가 투자자를 모아 타자기 회사를 설립하거나, 여의치 않을 경우 특허권을 매각할 계획이라고 보도했다. 실제로 로웨의 '언리미티드' 타자기는 1891년 12월 미국 특허청으로부터 특허(미국 특허번호 465,823)를 취득하였다. 특허 도면을 보면 이 기계에는 27개의 자판 키가 있었고, 소문자와 대문자는 시프트(shift) 키를 통해 전환되는 방식이었던 것으로 추정된다. 다만 전체 크기는 약 20~26인치로, 동시대 타자기에 비해 다소 대형 장치에 속했다. 초기에는 큰 상업적 성공이 예상되었으나, 실제로 상용화에 성공했는지는 현재까지 명확히 확인되지 않는다.

이로부터 약 5년 뒤, 일리어트 타자기가 등장하면서 본격적인 '책 타자기' 시대가 열리게 된다. 책 타자기는 일반적인 사무용 타자기와 달리 받침 원통(platen)이 없고, 바닥에 고정된 종이나 제본된 책 위에 직접 활자를 찍을 수 있도록 설계되었다. 또한 책이나 도면이 움직이지 않도록 고정한 상태에서 타자기 본체가 레일(rail)을 따라 위아래로 이동하는 구조를 채택하였다. 이러한 설계는 이미 인쇄된 책에 페이지 번호를 추가하거나, 정부 기록물과 장부에 내용을 덧입히는 작업에 특히 유용했다.

1902년 12월, 코네티컷주 하트퍼드에 거주하던 아서 캐시(Arthur Cash) 역시 이와 유사한 구조의 책 타자기로 미국 특허청 특허(US Patent 717,347)를 취득하였다. 같은 시기 뉴욕의 Elliott & Hatch 타자기 회사는 1897년 첫 번째 책 타자기 모델을 제작하여 판매를 시작했다. 이 기계는 책을 단단히 고정한 상태에서, 타자기가 레일을 따라 상하로 이동하며 문자를 인쇄하는 방식이었다.

1902년경 제작된 광고 자료에 따르면, 이 타자기는 일반 사무용 타자기가 수행할 수 있는 모든 기능을 갖추고 있을 뿐만 아니라, 책 번호 입력, 영수증 작성, 우편 주소 인쇄에도 적합한 기계로 소개되었다. 특히 먹지를 함께 사용하면 최대 20장에 달하는 문서를 한 번에 타이핑할 수 있다는 점이 강조되었다. 종이와 먹지를 자동으로 공급하는 보조 장치도 장착되어 있었기 때문에, 책 타자기의 가장 큰 장점으로는 다량 문서를 동시에 작성할 수 있는 능력이 자주 언급되었다. 1898년 당시 일리어트 책 타자기의 판매가는 약 175달러였다.

한편 오하이오주 신시내티에 기반을 둔 피셔 타자기 회사(Fisher Typewriter Company) 역시 유사한 기능을 가진 책 타자기를 개발하여, 1901년 '피셔 책 타자기'라는 이름으로 시장에 출시하였다. 이후 1903년 일리어트-해치 회사와 피셔 타자기 회사가 합병하면서 사명은 일리어트-피셔(Elliott-Fisher)로 변경되었다. 이 회사는 이듬해 세인트루이스(St. Louis)에서 열린 박람회에서 우수 타자기 상을 수상하며 기술력을 인정받았다. 1925년에는 제본된 책에 직접 인쇄할 수 있는 개량형 타자기를 선보였고, 인덱스 카드 작성 등 사무용도로도 활용되었다.

미니애폴리스 지역신문 Minneapolis Commercial은 1892년 1월, 오스틴 로웨가 오하이오주 신시내티에 공장을 설립하기 위해 이동했다는 소식을 전한 바 있다. 이러한 정황을 종합하면, 피셔 타자기는 로웨의 '언리미티드' 타자기 특허를 토대로 개량·발전된 제품이었을 가능성이 크다. 영수증 처리와 우편 주소 작성 등 실무적 수요가 증가하면서 일리어트-피셔 타자기가 인기를 끌자, 20세기 초 다른 타자기 제조사들도 유사한 기능을 갖춘 제품을 잇달아 출시하기 시작했다. 예컨대 레밍턴 타자기(Remington typewriter)는 1899년 영수증 처리, 통계, 회계 업무를 지원하는 보조 장치를 개발해 기존 스탠다드 타자기에 부착하는 방식으로 판매하였다. 1903년에는 계산 장치를 결합한 '뉴 레밍턴 빌링 타자기(New Remington Billing Typewriter)'를 선보였다.

올리버 타자기(Oliver Typewriter Company) 역시 1897년 올리버 타자기 2 모델에 계산 장치(tabulator)를 부착한 제품을 출시했으며, 스미스 프리미어(Smith Premier)도 1899년 유사한 기능의 타자기를 선보였다. 그럼에도 불구하고 이 분야에서 확고한 지위를 차지한 기업은 초기 시장을 선점한 일리어트-피셔 타자기 회사였다. 이 회사는 1917년 "지난 2년간 약 5,000개에 달하는 사업체가 일리어트-피셔 타자기를 구매했다"고 밝힐 정도로 높은 판매 실적을 기록했다. 당시 이 타자기의 가격은 약 960달러에 달했지만, 경쟁 제품에 비해 기능적 우수성과 신뢰성으로 인해 지속적인 인기를 유지했다.

결국 일리어트-피셔 타자기는 1928년 언더우드(Underwood)에 인수되었고, 이후 '언더우드-일리어트-피셔 타자기'라는 이름으로 다시 시장에 등장하게 된다. 책 타자기는 단순한 문서 작성 기계를 넘어, 기존 인쇄물과 장부, 기록물에 '추가로 기록한다'는 새로운 문서 처리 방식을 제도화한 장치였으며, 사무 자동화 이전 시대의 독특한 기술적 해법을 보여주는 사례라 할 수 있다.

암호용 타자기

전쟁은 언제나 새로운 특수 목적 타자기의 수요를 낳았다. 그 대표적인 사례가 바로 암호용 타자기(Enigma Typewriter)이다. 20세기에 들어 무선 전신과 라디오 기술이 급속히 발전하면서, 물리적으로 멀리 떨어진 부대나 외교 기관 간에도 실시간에 가까운 통신이 가능해졌다. 그러나 통신 기술의 발전은 동시에 새로운 문제를 야기했다. 즉, 전달되는 메시지의 내용을 적군으로부터 어떻게 은폐할 것인가 하는 문제가 군사와 외교의 핵심 과제로 떠오른 것이다. 아군에게는 쉽게 이해되지만 적국에게는 해독이 불가능한 암호문을 생성하는 것은, 모든 군대와 외교 당국의 공통된 관심사였다. 특히 미국과 독일의 치열한 두뇌전이 펼쳐진 분야였따. 암호는 코드 작성자와 코드 해독자 사이의 치열한 두뇌 싸움으로 상징되게 되었다.

1917년 미국의 발명가 에드워드 휴 허번(Edward Hugh Hebern)은 여러 개의 회전 원판(rotor)을 이용한 암호 기계(cipher machine)를 개발하였다. 그의 기계는 회전 원판의 조합을 통해 수많은 암호 변형을 만들어낼 수 있었으며, 기계식 암호화의 가능성을 본격적으로 제시한 사례였다. 제1차 세계대전이 한창이던 1918년, 독일의 엔지니어 아르투어 셰르비우스(Arthur Scherbius) 역시 회전 원판 방식의 암호 기계를 개발하여 특허를 취득하였다. 초기에는 독일 해군과 외무성에 이 특허를 판매하려 했으나 큰 관심을 끌지는 못했다. 이후 이 특허는 키프리어기계 회사(Chiffrier maschinen AG)의 이사회에 의해 인수되었고, 이를 계기로 암호 기계의 상업화와 군사적 적용이 본격화되었다.

1923년에는 초기 모델인 해독기 A가 개발되었다. 이 장치는 무게가 약 50kg에 달하는 대형 기계였으나, 지속적인 개량을 거치면서 점차 크기와 무게가 줄어들었다. 이후 해독기 D 모델에 이르러서야 유럽 각국의 군대와 외교 기관들이 실질적인 관심을 보이며 도입을 시작했다. 이탈리아, 스위스, 스페인, 일본 등 여러 국가가 해당 암호 타자기를 구입했으며, 특히 일본은 이를 자국 문자 체계에 맞게 개조하여 가타카나로 입력·출력되는 암호 타자기로 변형해 사용하기도 했다. 제2차 세계대전 기간 동안 약 10만 대에 이르는 암호 타자기가 제작된 것으로 추정된다.

엔니그마 암호 타자기의 기본 구조는 기존 레밍턴 타자기의 26개 알파벳 자판을 기반으로 하였다. 사용자가 키를 누르면 해당 신호는 내부 배선과 회전 원판을 통과하면서 변환되었고, 이 과정에서 하나의 입력 문자는 3~5개의 다이얼 스위치를 연쇄적으로 회전시키도록 설계되었다. 이론적으로는 26의 7제곱, 즉 약 80억 가지에 달하는 암호 조합이 가능했다. 이는 그동안 연필과 도표, 눈금 종이를 이용해 수행하던 암호 작성과 해독 과정을 기계적으로 구현한 것이었다.

실제 사용 과정에서, 통신 담당자는 타자기 자판 앞에 앉아 지휘관의 명령문을 평문으로 입력했다. 그러면 자판 위에 배열된 26개의 작은 램프가 점멸하면서 전혀 다른 문자 조합이 표시되었고, 이 무작위적 문자열이 암호문으로 송출되었다. 해당 암호문은 무선 전신이나 라디오를 통해 전송되었으며, 수신 측에서는 동일한 암호 타자기를 사용해 이를 다시 평문으로 복구할 수 있었다. 발신 측과 수신 측이 동일한 다이얼 설정, 즉 동일한 키(key)를 공유하고 있다는 전제가 충족될 경우에만 가능한 과정이었다.

1926년 독일 해군이 이 암호 기계를 공식적으로 도입한 이후, 각국은 자국의 군사적 요구에 맞는 개량형 암호 타자기를 개발하게 된다. 제2차 세계대전 초반까지 영국군은 독일군의 암호문을 해독하는 데 큰 어려움을 겪었다. 그러나 1941년을 전후해 영국은 암호기의 작동 원리를 역으로 분석하는 데 성공했고, 이를 통해 독일군의 통신 내용을 상당 부분 해독할 수 있는 능력을 갖추게 되었다. 이로 인해 독일의 공격 계획과 병력 이동이 사전에 파악되었으며, 이는 연합군의 전쟁 수행과 최종적인 승리에 결정적인 기여를 했다.

기술적으로 보면, 엔니그마 D 모델은 세 개의 표준 회전 원판과 하나의 반사판(reflector)을 갖추고 있었으며, 반사판은 26개 위치 중 하나로 설정할 수 있었다. 이후 군사용 모델에서는 점차 구조가 복잡해졌다. 전쟁 기간 동안 반사판 역시 여러 유형이 도입되었으며, 전쟁 말기에는 재배선이 가능한 D형 반사판이 시험적으로 사용되기도 했다. 또한 1944년에는 공군용으로 40가지 조합을 제공하는 추가 플러그보드 스위치 '우어(Uhr)'가 도입되었다. 전쟁 전체를 통틀어 약 10만 대의 엔니그마 암호 타자기가 생산된 것으로 추정되며, 전쟁 후 살아남은 기계들은 연합군에 의해 압수되어 다른 국가에 재판매되었다. 이 과정에서 회전 원판의 배선은 재설정되었지만, 연합군이 이미 해당 암호를 해독할 수 있었다는 사실은 공개되지 않았다.

엔니그마 암호 타자기는 단순한 암호 장치를 넘어, 타자기·전신·계산 기계가 결합된 복합 정보 기계였다. 이는 문자 입력이라는 행위가 전쟁과 정보전의 핵심 기술로 전환되는 과정을 상징적으로 보여주는 사례이며, 이후 컴퓨터와 디지털 암호 기술로 이어지는 기술사의 결정적 분기점이라 할 수 있다.

10.

타자기의 종착지

2000년대 퍼스널 컴퓨터(PC)의 대유행으로 타자기는 이제 잊혀진 도구가 되었다. 이러한 흐름 속에서도 타자기가 다시 한 번 대중의 관심을 끌었던 순간이 있었었다. 바로 2004년 미국 대통령 선거를 둘러싼 이른바 '타자기 게이트' 였다. 당시 특정 문서의 진위 여부를 둘러싸고 글꼴과 문서 형식이 논란이 되면서, 오래된 타자기의 출력 방식과 현대 워드프로세서의 차이가 공론장에 등장한 것이다. 2011년 인도의 고드레이 타자기 공장이 문을 닫으면서 대량생산을 목적으로 한 타자기 산업은 종말을 고했다. 물론 지금도 애호가들의 구미를 노리는 소규모 타자기 제조가 이뤄지고 있다. 또한 1960년대와 1970년대 제조된 타자기들이 중고물품으로 하루에도 수 천대씩 거래되고 있다. 레트로(Retro)열풍에 따라 타자기를 수집하고, 진열하는 사람들도 늘어나고 있다. 또한 타자기는 디지털 문화에 염증을 느낀 사람들의 디지털 디톡스로서도 각광을 받고 있다. 인터넷에 연결되지 않고, 수정과 삭제가 쉽지 않은 타자기의 특성은 오히려 글쓰기에 대한 집중을 가능하게 한다. 알림과 팝업, 무한한 수정의 유혹에서 벗어나, 한 글자 한 글자를 신중하게 찍어 나가는 경험은 디지털 시대에 새로운 의미를 획득하고 있다.

메모 게이트 혹은 타자 게이트

2000년대 들어 퍼스널 컴퓨터(PC)가 일상과 사무를 완전히 장악하면서, 타자기는 '잊혀진 도구'가 되었다. 문서는 워드프로세서로 작성되고, 수정과 저장, 공유는 클릭 한 번으로 해결되었다. 그 결과 타자기는 실용의 세계에서 밀려났고, 박물관이나 수집가의 진열장으로 들어가는 듯 보였다. 그런데 2004년 미국 대선은 아이러니하게도 타자기를 다시 한 번 공론장으로 끌어올렸다. 대선 국면 한복판에서 논쟁의 핵심이 '정책'도 '말'도 아니라 '문서가 타자기로 가능한가'라는 기술적 질문으로 바뀌었기 때문이다.

2004년 9월, CBS의 간판 탐사보도 프로그램 "60분(60 Minutes)"은 조지 W. 부시(George W. Bush) 공화당 대통령 후보가 텍사스 공군 방위대 복무 의무를 성실히 수행하지 않았다는 취지의 문건을 공개했다. CBS는 이 문건들이 1972년과 1973년 사이 제리 킬리안(Jerry Killian) 중령이 작성한 것으로 믿어졌다고 보도했다. 당시 미국은 사실상 국민개병제의 국가였고, 모든 성인 남성에게 군 복무 의무가 부과되어 있었다. 그럼에도 부시 후보가 유력 정치인인 아버지(George H. W. Bush)의 영향 아래 '느슨한' 복무를 했다는 의혹은, 선거판에서 상당히 파괴력이 있을 수밖에 없었다.

특히 그해 부시 후보와 존 케리(John Kerry) 민주당 후보의 지지율이 막상막하였다는 점을 감안하면, CBS의 보도는 선거 결과를 흔들 수 있는 잠재력을 지닌 이슈였다. 케리 후보는 베트남 참전용사였기에, 부시 후보가 군 복무를 게을리했다는 이야기는 더욱 좋은 공격 소재가 될 수 있었다. CBS는 네 건의 문서(1972년 5월 4일·5월 19일, 1973년 8월 1일·8월 18일 작성)를 보도했는데, 정작 문서 작성자로 알려진 킬리안 중령은 이미 1984년에 사망한 상태였다.

CBS는 해당 문서를 텍사스 공군 방위대 사령관 출신 빌 버케트(Bill Burkett)로부터 입수했다고 밝혔다. 버케트는 반(反)부시 성향의 인사로 알려졌지만, 그는 "신뢰할 만한 경로에서 받았고 당시 작성된 진본"이라고 주장했다. 당연히 부시 후보를 비판하는 이들은 이를 "군 복무 의무 불이행을 보여주는 결정적 증거"로 받아들였다. 그러나 곧 논쟁은 '내용'에서 '형식'으로 옮겨갔다. 즉, 문서가 정말 1970년대의 타자기로 작성될 수 있느냐가 핵심 쟁점이 된 것이다.

CBS는 킬리안 중령의 비서였던 마리안 카 녹스(Marian Carr Knox)도 인터뷰했다. 당시 86세였던 그녀는 "그 문건은 내가 직접 타이핑한 것이 아니다"라고 선을 그으면서도, "다만 비슷한 내용의 문서를 작성한 적은 있다"는 취지로 말했다. 누군가 기존 문서를 본 뒤 그 내용을 바탕으로 새 문서를 만들어낸 것 같다고 덧붙이기도 했다. 이 발언은 오히려 '위조 가능성'에 불을 붙였다. 결과적으로 관심은 "부시가 실제로 어땠는가"보다 "그 문서가 진짜인가"로 급격히 쏠렸다.

결정적 전환점은 9월 9일, 보수 성향 블로그 '파워라인(Powerline)'의 문제 제기였다. '61분'이라는 제목의 글에서 파워라인은 CBS가 공개한 문건의 타자 방식이 이상하다고 지적했다. 논점은 글자 간격과 서체의 성격이었다. 전통적인 타자기는 대체로 고정폭(mono-space) 방식으로, 모든 문자를 같은 폭의 사각형으로 찍어내는 구조였다. 물론 예외도 있었다. 당시 고가였던 IBM 일부 기계에서는 'i'와 'w'의 폭이 다르게 구현되는 등 비례폭에 가까운 인쇄가 가능했고, 특정 글자의 높낮이나 자간도 달라 보일 수 있었다. 그러나 1970년대 일반적인 타자기 환경에서 CBS 문서처럼 보이는 미세한 간격 차이가 자연스럽게 구현되는지는 의문이라는 주장이 제기되었다.

더 나아가 1973년 8월 18일자 문건에서는 날짜의 "th"가 위로 작게 붙는 위첨자 형태처럼 보였고(예: 187th), 작은따옴표도 직선형이 아니라 굽은 형태(he's)로 보인다는 지적이 나왔다. 당시 타자기에서는 이런 조판이 매우 어렵거나 거의 불가능하다는 반론이 이어졌고, 반대로 워드프로세서에서는 비교적 쉽게 재현될 수 있다는 점이 논쟁을 키웠다. 결국 문서 내용보다, "타자기냐 컴퓨터냐"가 더 큰 뉴스가 되었다. 타자기 전문가들의 검증이 뒤따랐고, CBS 내부에서도 보도 과정의 허점이 드러났다.

월터 크롱카이트(Walter Cronkite) 이후 '가장 존경받는 언론인'이라는 명성을 갖고 있던 댄 래더(Dan Rather)는 결국 보도에 문제가 있음을 인정할 수밖에 없었다. 2004년 9월 20일, 그는 사실상 사과를 표명했고, 2005년 3월에는 책임을 지겠다는 뜻을 밝히며 앵커직에서 물러났다. 이 사건은 흔히 메모게이트(Memogate) 혹은 타자게이트(Typegate)로 불렸다. 당시 미국 언론의 관심은 '복무 의혹의 실체'보다 '문서 자체의 진위'에 집중되어 있었다. "완벽한 보도의 상징"처럼 여겨지던 CBS "60분"에게는, 조금만 더 세심한 팩트 체크가 있었다면 피할 수 있었던 아쉬운 순간이었다.

동시에 이 사건은, 컴퓨터 세대에게 '타자기로 글을 친다'는 행위가 이미 먼 과거의 일이 되었음을 역설적으로 보여주는 에피소드이기도 했다. 사람들은 타자기의 물리적 한계와 서체의 특징을 새삼 떠올리며, 문서의 진정성을 따지는 잣대로 삼았다. 물론 미국에는 여전히 타자기를 수집하고 실제로 글을 쓰는 '레트로(retro) 생활자'들이 존재한다는 사실도, 이 사건을 통해 다시 조명되었다.

타자기 생산의 종언

2011년 4월, 지구상에서 마지막으로 대량 생산 체제를 유지하던 것으로 알려진 인도의 고드레즈(Godrej) 타자기 공장이 문을 닫으면서, 타자기 산업의 종말이 상징적으로 선언되었다. 고드레즈 그룹은 1897년 고드레지 형제가 뭄바이에서 자물쇠 판매회사로 시작한 뒤, 1918년 식물성 기름을 원료로 한 비누를 출시하며 기업 규모를 키워온 인도의 대표적 가족 기업이다. 이후 식품과 가전, 건설(1948년), 가전(1958년), 우주항공(1985년) 등 다양한 분야로 확장하며 재벌로 성장했다.

고드레즈가 타자기를 생산하기 시작한 것은 1955년이었다. '고드레즈 프리마(Godrej Prima)'라는 이름으로 아시아에서 자체 브랜드 타자기를 생산했고, 2011년까지 60여 종의 제품을 만들어냈다. 고드레즈가 타자기 생산을 시작하기 전에는 레밍턴 등 미국 브랜드가 인도에 공장을 세워 생산하는 방식이 일반적이었다. 따라서 고드레즈의 타자기 생산은 정치적 독립뿐 아니라 '산업적 독립'의 상징으로도 읽혔다.

초기 프리마 모델은 미국 우드스톡(Woodstock) 기종을 바탕으로 제작되었다. 당시 우드스톡 측의 특허 등록 여부가 느슨했다는 점이, 고드레즈 입장에서 기술 도입의 부담을 낮추는 조건이 되었던 것으로 설명되곤 한다. 이후 인도는 외교·산업 환경상 미국보다 소련과 동독에 더 가까운 노선을 취했기에, 고드레즈는 점차 동독으로부터 기술과 부품을 들여오며 제품을 개선해 나갔다.

다만 초창기 고드레즈 타자기는 미국 제품에 비해 타자치는 느낌이 거칠고 타건 소리가 큰 편이었고, 이런 문제는 생산 20여 년이 지난 1967년 무렵에야 상당 부분 개선되었다고 전해진다. 그 이후 고드레즈는 외국 브랜드와 본격적으로 경쟁할 수 있는 수준에 도달했다. 생산량도 1955년 이후 5년간 9,000대 수준에서, 1959년 이후 3년간 12,000대, 1965년 이후 5년간 24,258대 등으로 증가했다.

1990년대만 해도 인도 내 연간 타자기 소비량이 150만 대에 달했고, 그 절반가량을 고드레즈가 생산했다. 고드레즈 타자기는 스리랑카, 인도네시아, 필리핀, 모잠비크, 앙골라, 모로코 등으로 수출되기도 했다. 그러나 2000년대 들어 인도에서도 컴퓨터 보급이 급격히 늘어나면서 고드레즈 가문은 타자기 생산을 중단하고 생산시설을 냉장고 등 다른 제품군으로 전환했다는 이야기가 전해진다.

'비디오킬드 라디오스타(Video Killed the Radio Star)'라는 노래 제목처럼, 새로운 매체가 기존 매체를 대체하는 것은 기술사의 반복된 패턴이다. 타자기 산업 역시 예외가 아니었다. 1867년

대량생산을 시작한 타자기 산업은 약 100년 가까이 호황을 누렸지만, 컴퓨터의 등장과 함께 내리막길을 걸었다. 미국은 이미 1980년대에 수동 타자기 생산이 중단되었고, 한국에서도 1990년대 이후 타자기를 치는 풍경은 일상에서 사라졌다.

그렇다면 왜 인도에서는 타자기 산업이 더 오래 유지될 수 있었을까. "기계문명의 전달이 늦어서"라고 말하기는 어렵다. 인도는 수학·과학 기반이 강하고, 세계적 IT 기업들이 인도의 인건비와 인력을 찾아 진출한 지도 오래다. 그럼에도 타자기가 오래 남은 이유는, 전기와 컴퓨터 보급이 인구 전체로 고르게 확산되지 못했기 때문이다. 인도는 세계에서 손꼽히는 빈부격차를 갖고 있고, 뉴델리나 방갈로르 같은 대도시에는 최첨단 IT 산업이 존재하지만, 인도 전역으로 컴퓨터와 전기 인프라가 균등하게 퍼져 있다고 보기는 어렵다. 전기가 충분히 공급되지 않는 지역에서 컴퓨터는 애초에 쓸 수 없는 기계다. 이런 현실 속에서 수동 타자기는 여전히 공문서 작성에 유효한 도구로 남는다. 실제로 2010년 무렵 고드레즈 타자기의 주요 수요처가 군대와 지방정부였다는 사실은, 바로 이 현실을 반영한다.

타자기의 보급 과정도 빈부격차와 맞물려 있다. 영국 식민지시기에 부유층은 타자기를 소유하거나 타자수를 고용할 수 있었지만, 가난한 이들에게 타자기는 쉽게 접근할 수 없는 기계였다. 그럼에도 법원·행정 분야에서는 문서의 오독을 줄이기 위해 타자 문서를 요구하는 관행이 강화되었고, 이 과정에서 소외된 이들은 결국 '타자기를 가진 사람'에게 서류 작성을 의뢰하게 된다. 한국에서도 1970년대 법원 근처에 '행정서사' 간판을 걸고 공문서를 대신 작성해주던 사람들이 있었듯, 인도에서는 유사한 역할이 지금도 여전히 남아 있는 것으로 알려져 있다.

여전히 유용한 타자기

타자기가 완전히 사라진 것은 아니다. 지금 이 순간에도 세계 여러 곳에서는 여전히 타자기가 사용되고 있다. 불편하기는 하지만, 그래도 필요하기 때문이다. 전기가 없는 지역에서는 수동 타자기가 여전히 공식 문서를 작성하는 거의 유일한 수단으로 기능한다. 컴퓨터를 사용할 수 없거나, 애초에 컴퓨터를 구입할 여력이 없는 사람들에게 타자기는 여전히 현실적인 선택지다. 그런 의미에서 인도는 타자기가 가장 오래 살아남은 나라 중 하나로 자주 언급된다.

러시아에서는 전혀 다른 이유로 타자기가 다시 주목받았다. 정보 보안을 이유로 컴퓨터 사용을 배제하고, 아예 수동 타자기로 문서를 작성하는 사례가 등장한 것이다. 해킹의 우려가 없다는 점이 가장 큰 장점으로 꼽힌다. 이런 이유에서 타자기에 대한 수요는 완전히 사라지지 않을 것이라는 전망도 나온다. 여전히 삐삐를 사용하는 사람들이 존재하는 것처럼, 특정 조건에서는 오래된 기술이 오히려 가장 안전한 선택이 되기도 한다.

실제로 주변국을 상대로 한 정보 수집 활동이 폭로되며 국제적 파문이 일었을 당시, 러시아가 기밀 유출 방지를 위해 재래식 타자기를 활용할 것이라는 보도가 나와 눈길을 끌었다. 러시아 영자지의 보도에 따르면, 러시아 연방경호국(FSO)은 재래식 타자기 20여 대를 구입하기 위해 수십만 루블의 예산을 책정한 것으로 전해졌다. 이 같은 움직임은 전직 미국 중앙정보국(CIA) 직원 에드워드 스노든이 미국 정부의 대규모 정보 수집 활동을 폭로한 사건과 맞물려 해석되었다. 스노든은 미국 정부가 자국 내외 여러 국가의 외교 공관과 정상급 인사들의 통신을 감청해 왔다고 폭로했고, 그 여파는 전 세계로 확산되었다.

특히 2009년 런던에서 열린 G20 정상회의 당시 드미트리 메드베데프 러시아 대통령의 통화까지 감청 대상이었을 가능성이 제기되면서 정보 유출에 대한 우려는 극에 달했다. 러시아 일간지 이즈베스티야는 익명의 FSO 관계자의 말을 인용해 "메드베데프 대통령의 통화가 감청되었다는 사실이 드러난 이후, 문서를 다시 종이로 작성하려는 움직임이 늘어날 것"이라고 전했다.

재래식 타자기는 워드프로세서와 달리 파일 형태로 남지 않는다. 인터넷을 통해 유출될 가능성도 없고, 오직 종이라는 물리적 매체로만 존재한다. 필요할 경우 파기도 상대적으로 쉽고, 흔적을 남기지 않는다는 점에서 기밀 관리에 유리하다는 평가를 받는다. 더 나아가 타자기는 기계마다 고유한 글씨체를 갖고 있어, 활자 감정을 통해 어느 타자기에서 작성된 문서인지를 추적할 수 있다. 이 때문에 익명의 FSO 관계자는 러시아 국방부와 재난 당국, 정보기관 등에서는 이미 종이 문서만을 사용하는 관행이 자리 잡았다고 전했다.

러시아 연방보안국(FSB) 국장을 지낸 니콜라이 코발레프 하원의원 역시 "컴퓨터에 저장된 정보는 어떤 방식으로든 유출될 수 있다"며 "보안을 위해서는 가장 원시적인 방법, 즉 펜이나 타자기로 문서를 작성하는 것이 오히려 안전하다"고 말한 바 있다. 디지털 기술의 발전이 오히려 아날로그 방식의 가치를 재평가하게 만든 셈이다.

타자기가 여전히 사용되는 공간은 국가 안보 분야에만 국한되지 않는다. 뉴욕의 교도소에서는 수감자들이 타자기를 사용한다. 외부와의 인터넷 연결이 차단된 공간에서 컴퓨터 사용이 제한되기 때문에, 타자기가 현실적인 대안이 된다. 투명한 케이스에 담긴 타자기를 통해 수감자들은 일기를 쓰거나 가족과 편지를 주고받는다. 이곳에서 타자기는 표현과 소통을 위한 최소한의 도구다.

공공기관에서도 타자기는 완전히 퇴장하지 않았다. 대표적인 사례가 뉴욕경찰이다. 기존의 각종 종이 서식을 그대로 유지하기 위해 어쩔 수 없이 수동 타자기를 사용하고 있다는 입장이다. CBS 뉴스는 뉴욕경찰을 포함해 뉴욕시의 18개 공공기관에서 2012년 기준으로 약 1,000대의 수동 타자기가 여전히 사용되고 있다고 보도했다. 당시 뉴욕 시장이던 마이클 블룸버그는 "여전히 종이 책을 읽는 사람들이 있는 것처럼, 수동 타자기로 서류를 작성하는 사람들도 존재한다"며 "타자기가 기능을 상실한 도구라고 생각하는 것은 잘못"이라고 언급했다. 이러한 보도가 이슈가 되자, 2015년에는 뉴욕시 공공기관에서 타자기 사용을 금지하는 법안이 시의회에 제출되기도 했다.

USB 타자기: 아날로그와 디지털의 결합

한편 최근의 레트로 열풍 속에서 타자기는 또 다른 방식으로 진화하고 있다. 타자기 자판의 감각을 응용한 컴퓨터 키보드가 인기를 끌고 있고, 오래된 타자기에 아이패드나 노트북을 연결해 사용하는 이른바 'USB 타자기'도 새로운 가능성으로 제시된다. 기존 타자기의 가장 큰 단점은, 타이핑한 텍스트가 디지털로 남지 않는다는 점이었다. USB 타자기는 바로 이 한계를 극복하려는 시도다.

USB 타자기는 크게 두 가지 기능을 갖는다. 첫째, 타이핑을 하면 그 내용이 디지털 텍스트로 변환되어 저장된다. 저장된 문서는 다른 컴퓨터로 옮겨 수정하거나 인쇄할 수 있다. 둘째, 동시에 기존 수동 타자기처럼 타이핑하는 순간 글자가 종이에 그대로 찍힌다. 즉, 별도의 '프린트' 명령 없이도 실시간으로 인쇄가 이뤄진다. 디지털의 편리함과 아날로그의 물성을 동시에 확보하려는 시도인 셈이다.

물론 기존 타자기를 USB 타자기로 바꾸기 위해서는 새로운 하드웨어 장착과 이에 맞는 소프트웨어 설치가 필요하다. 최근에는 한글 입력이 가능한 USB 타자기까지 개발되면서, 이러한 실험은 점차 현실적인 대안으로 확장되고 있다.

타자기 수집과 재판매

오늘날 타자기는 더 이상 대량 생산되지 않는다. 그 결과 타자기를 사용한다는 행위는 대체로 과거에 대한 회상, 혹은 디지털 환경으로부터 벗어나고자 하는 욕망과 연결된다. 새로운 타자기를 만드는 사람은 거의 없지만, 지난 100여 년간 만들어진 방대한 수의 타자기들은 이베이(eBay)와 크레이그리스트(Craigslist) 같은 온라인 시장을 통해 활발히 거래되고 있다. 일부 수집가들은 유물 수집가(relic-monger)처럼 역사적 가치와 희소성을 좇아 시간과 비용을 아끼지 않는다.

가치의 기준은 사람마다 다르다. 어떤 이들에게 중요한 것은 기능이다. 실제로 타이핑이 가능한가, 실사용에 문제가 없는가가 관건이다. 반면 어떤 이들은 작동 여부와 상관없이 전시(display)를 목적으로 타자기를 모은다. 20세기 말부터 본격화된 타자기 수집 열풍은, 자동화 시대에 대한 향수와 맞닿아 있는 듯하다. 현재 전 세계적으로 500~1,000명에 이르는 아마추어 수집가들이 활동하고 있으며, 주요 시장은 미국과 독일을 중심으로 영국, 프랑스, 스페인, 이탈리아 등으로 확산되어 있다.

타자기의 가격은 희소성과 보존 상태에 따라 크게 달라진다. 몇백 달러에서 몇천 달러까지 천차만별이다. 초보 수집가라면 30~50달러대의 비교적 흔한 모델로 시작하는 경우가 많다. 이후 브리켄스더퍼, 해몬드, 오델처럼 구조가 독특한 모델로 관심이 옮겨간다. 이베이에서 'antique typewriter'나 'vintage typewriter'를 검색하면 다양한 가격대의 제품을 한눈에 비교할 수 있다.

경매에 참여할 때도 요령이 있다. 인기 있는 제품일수록 최종 가격은 마감 직전 몇 분 사이에 결정된다. 미리 입찰에 나서는 것은 오히려 가격만 올려주는 결과가 되기 쉽다. 준비한 금액을 마지막 순간에 제시해 낙찰받는 '베테랑 수집가'들이 활개치는 이유다. 어느 정도 수집이 진행되면, 이베이를 넘어 라이브옥셔너스(liveauctioneers.com) 같은 전문 경매 사이트로 관심이 확장된다. 이곳에서는 독일의 브레커(Breker) 옥션이 운영하는 고가 경매를 통해, 수천만 원대의 크랜달, 하모니아, 브룩스, 라이팅 볼 같은 희귀 타자기들이 거래된다.

물론 모든 수집이 고가를 지향하는 것은 아니다. 단순한 향수와 실사용을 위해 타자기를 모으는 사람들도 많고, 특정 브랜드만을 꾸준히 수집하는 이들도 있다. 올리버 타자기만 모으는 사람, 스미스 프리미어만 고집하는 사람도 있다. 수집된 타자기의 진정한 가치는 가격이 아니라, 소유자가 느끼는 애정과 의미에서 결정된다.

살아남은 타자기 수리점

2017년 공개된 다큐멘터리 영화 〈캘리포니아 타자기〉는 이러한 타자기 문화의 현재를 집약적으로 보여준다. 이 영화에는 타자기 애호가로 알려진 배우 톰 행크스(Tom Hanks)를 비롯해, 싱

어송라이터 존 메이어(John Mayer), 퓰리처상 수상 작가 데이비드 맥컬로(David McCullough), 극작가 샘 셰퍼드(Sam Shepard) 등이 등장한다. 감독 더그 니콜스(Doug Nichols)는 2011년부터 5년간 이 다큐멘터리를 제작하며, 인간과 기계의 관계가 어떻게 변화해 왔는지를 차분히 성찰한다. 속도와 편의성을 중시하는 디지털 사회 속에서, 오래된 기술이 던지는 질문을 담아낸 작품으로 평가받는다.

영화의 중심에는 미국에서 가장 오래 운영된 타자기 수리점 중 하나인 '캘리포니아 타자기(California Typewriter)'가 있다. 버클리 캘리포니아대학 인근 산 파블로 애버뉴에 위치한 이 가게는 70년 넘게 같은 자리에서 영업해 왔다. 1949년 처음 문을 열었고, 현재의 소유주 허버트 퍼밀리언(Herbert Permillion)이 1981년 인수한 뒤 1986년 현 위치로 이전했다. 컴퓨터 시대에 한때 존폐 위기에 몰렸던 이 가게는 SNS와 온라인 홍보를 통해 새로운 부흥을 맞기도 했다. 대학도시 버클리에는 또 다른 타자기 수리점도 있어, 한때 두 곳의 타자기 가게가 공존하는 독특한 풍경을 만들었다. 컴퓨터 시대에 한때 존폐 위기에 몰렸지만, SNS와 입소문을 통해 새로운 고객층을 확보하며 '아날로그의 성지'로 떠올랐다. 그러나 2020년, 결국 이 상점은 문을 닫았다. 지역 언론은 이를 단순한 폐업이 아니라, "한 시대를 버텨온 기술의 마지막 현장"으로 기록했다. 타자기가 다시 주목받고 있음에도, 그 생태계를 유지하는 것은 여전히 쉽지 않다는 현실을 보여준 사례였다.

아일랜드 더블린 도르셋가에는 1983년부터 운영되어 온 마지막 타자기 수리점이 있다. 이곳은 조 밀러(Joe Millar) 부자가 대를 이어 운영하고 있으며, 한때 레밍턴 타자기의 영업사원이었던 아버지 밀러는 더블린과 갤웨이, 코크, 벨파스트를 오가며 타자기를 판매하고 수리했다. 그가 활동하던 시절 더블린에는 10곳이 넘는 타자기 딜러가 있었다고 한다.지금은 컴퓨터 이전 시대에 타자기를 팔고 고치던 공간이 되었지만, 오늘날에는 '느린 기술'을 찾는 이들의 방문지로 성격이 바뀌었다. 흥미로운 점은 이 가게를 찾는 이들 다수가 실제로 타자기를 사용한다는 사실이다. 단순히 전시용 오브제가 아니라, 편지와 일기, 시와 원고를 쓰기 위한 도구로 타자기를 선택한다. 이들에게 타자기는 과거의 기술이 아니라, 현재의 선택지다. 오늘날에도 이 가게는 수백 종의 타자기 부품을 보유하며 수리를 이어가고 있고, 온라인 사이트를 통해 전 세계 고객과 연결되어 있다. 더블린 시 공식 안내 사이트에는 '살아남은 더블린의 명소'로 소개되기도 했다.

영국 런던에도 타자기 수리점이 남아 있고, 한국에서도 파주, 의왕, 고양 등지에서 타자기 수리를 이어가는 사람들이 있다. 최근에는 젊은 감각으로 타자기를 복원해 SNS를 통해 판매하는 사례도 등장했다. 이렇게 보면 타자기는 사라진 것이 아니다. 다만 살아남는 방식이 달라졌을 뿐이다.

타자기의 미래

컴퓨터가 지배하는 세상에서 타자기는 효율에서 밀린다. 수정이 어렵고, 한 번에 여러 장을 생산하기도 제한적이다. 반면 컴퓨터는 즉시 수정이 가능하고, 프린터로 수백·수천 장의 문서를 출력할 수 있다. 생산성만 놓고 보면 타자기와 컴퓨터의 경쟁은 성립하기 어렵다. 그럼에도 타자기는 여전히 몇몇 나라와 몇몇 영역에서 가치가 남아 있다. 전기가 부족한 곳에서는 수동 타자기가 공문서를 만드는 거의 유일한 수단이 되기도 하고, 컴퓨터를 구입하기 어려운 사람들에게는 "불편하지만 확실한" 문서 작성 도구로 기능한다.

또한 선진국에서도 타자기는 다른 방식으로 살아남는다. 디지털 피로를 느낀 사람들에게 타자기는 '디지털 디톡스(Digital Detox)'의 상징이 된다. 즉, 디지털 기계와의 거리두기로서 타자기가 사용되는 것이다. 인터넷과 알림에서 분리된 채, 한 글자씩 찍어내는 행위는 집중을 강요하고, 그 집중이 오히려 쾌감이 된다. 결혼식 초대장을 손으로 타자쳐 보내는 일 같은 것은, 수고로움이 곧 배려로 읽히는 장면이기도 하다. 타자기는 인터넷에 연결되지 않으며, 알림도 없고, 자동 수정도 불가능하다. 바로 그 불편함이 오히려 글쓰기의 집중을 가능하게 한다는 것이다.

타자기가 디지털 디톡스의 도구로 재해석되는 배경에는, 컴퓨터 문서가 지닌 비물질성이 있다. 디지털 문서는 언제든 수정되고, 복제되고, 삭제된다. 반면 타자기로 찍힌 글자는 종이에 남고, 흔적을 남긴다. 한 글자를 지우는 데에도 물리적 노력이 필요하다. 이 과정에서 글쓰기는 다시 신중한 행위가 된다. 타자기의 타건 소리와 종이 위에 찍히는 활자의 촉감은, 화면을 응시하며 키보드를 두드리는 행위와는 전혀 다른 감각을 요구한다.

디지털 디톡스로서의 타자기는 이러한 물질성과 한계를 적극적으로 수용한다. 타자기를 사용하는 사람들은 더 느리게 쓰고, 더 많이 고민하며, 더 적게 수정한다. 이는 생산성의 관점에서는 비효율이지만, 사유의 관점에서는 오히려 풍요로움으로 작동한다. 타자기는 디지털 과잉의 시대에 '덜 할 수 있음'을 선택하는 도구다.

이러한 선택은 전 세계 어디에서나 동일한 의미를 갖지는 않는다. 높은 문맹률과 더딘 전기 보급으로 인해 컴퓨터 확산이 늦어진 지역에서는, 타자기가 여전히 실질적인 문서 작성 수단으로 기능한다. 이는 디지털 디톡스라는 자발적 선택과는 다른 차원의 문제다. 그럼에도 공통점은 분명하다. 전기와 네트워크가 필수적인 컴퓨터와 달리, 타자기는 독립적으로 작동한다는 점이다. 바로 이 독립성이 오늘날 타자기를 다시 불러내는 핵심 조건이 되고 있다.

타자기는 사라진 기술이 아니다. 다만 더 이상 '가장 빠른' 기술이 아닐 뿐이다. 디지털 디톡스로서 타자기는 속도의 경쟁에서 벗어난 자리에 서 있다. 그리고 그 자리는, 생각보다 오래 유지될지도 모른다. 무엇보다 타자기의 역사는 오늘날의 문자 입력 기술에 여전히 아이디어를 제공한다. 초기 타자기 개발자들이 집요하게 붙잡았던 질문—"어떻게 하면 더 효율적으로 글자를 입력할 수 있는가"—는 스마트폰 시대에도 반복되는 질문이다. 키보드의 틀에서 벗어나려는 수많은 인덱스 타자기의 실험은, 지금도 다른 형태의 입력 혁신을 촉발하는 '원천 질문'으로 남아 있다.

언젠가 한국에도 타자기 박물관이 생겨, 다양한 타자기를 통해 인류사와 우리 사회의 지난 100년을 함께 되짚어볼 수 있기를 기대해본다. 타자기는 단지 컴퓨터로 넘어가기 전의 중간 단계가 아니다. 타자기는 문자를 찍어내는 기계였고, 동시에 사람과 제도, 기술과 권력, 향수와 취향이 교차하는 문화적 장치였다. 타자기는 사라진 것이 아니라, 다만 살아남는 방식이 달라졌을 뿐이다.

에듀컨텐츠·휴피아
ECH Educontents·Huepia

참고문헌

1. 국문 자료

공병우 (1949). 〈임어당 선생의 명쾌 타자기〉. 『한글』, 105호, 209-215.
김명환 (2013.10.24). "현대의 첨단 밟는 도시의 따님" 한복 차림 女타자수가 광고에. 조선일보.
김평호 (2019). 『미디어 발명의 사회사』. 서울: 삼인.
김태호 (2011). 〈'가장 과학적인 문자'와 근대기술의 충돌〉. 『한국과학사학회지』, 33(3), 395-436.
류현국(2017). 한글 활자의 은하계 - 1945~2010, 윤디자인그룹.
송현 (2007). 『공병우, 한글 기계화의 아버지』. 작은씨앗.
장봉선 (1989). 『한글 풀어쓰기 교본』. 한풀문학사.
조순경 (1999). 『여성노동시장의 변화와 여성노동운동』. 한국노동문제연구원
이응호 (1948). 『미 군정기의 한글 운동사』. 성청사.
임정성 (2009). 〈인도 소비자들의 일상과 함께하는 고드레지 그룹〉. 『친디아 저널』, 2월호, 52-55.
장하진·장미경·신경아·오정진(2001). 『근로 여성 50년사의 정리와 평가』. 서울: 한국여성개발원.
정유경 (2013.12.23). 〈국내 첫 여성 은행장 탄생〉. 『한겨레신문』.
홍성철 (2022.10.16), 이원익 타자기 국내로 가져오자 『디지털타임스』.

2. 외국 단행본 (Typewriter / 기술사 핵심 저작)

Adler, Michael (1973). The Writing Machine. London: George Allen & Unwin.
Arnold, David (2013). Everyday Technology: Machines and the Making of India's Modernity. Chicago: University of Chicago Press.
Beeching, Wilfred A. (1971). A Century of the Typewriter. London: British Typewriter Museum.
Bliven, Bruce Jr. (1954). The Wonderful Writing Machine. New York: Random House.
Boorstin, D. J. (1974). The Americans: The Democratic Experience. New York: Vintage Books.

Cortada, James W. (1993). Before the Computer. Princeton: Princeton University Press.

Current, R. N. (1974). The Typewriter and the Men Who Made It. Urbana: University of Illinois Press.

Davis, Margery W. (1982). Women's Place Is at the Typewriter: The Feminization of the Clerical Labor Force. Philadelphia: Temple University Press.

Gitelman, Lisa (1999). Scripts, Grooves, and Writing Machines. Stanford: Stanford University Press.

Haan, F. (1998). Gender and the politics of office work, Amsterdam: Amsterdam University Press

Kittler, Friedrich A. (1999). Gramophone, Film, Typewriter. Stanford: Stanford University Press.

Lundmark, Torbjörn (2002). Quirk Qwerty. New York: Penguin Books.

Mares, Gregory (1985). The History of the Typewriter: Successor to the Pen. California: Post-Era Books.

Masi, Frank T. (1985). The Typewriter Legend. New York: Parasonic.

Polt, Richard (2015). The Typewriter Revolution. Woodstock, VT: Countryman Press.

Robert, Paul & Weil, Peter (2016). Typewriters: A Celebration of the Ultimate Writing Machine. New York: Sterling.

Saval, N. (2014). Cubed: A Secret History of the Workplace. New York: Double day

Wershler-Henry, Darren (2005). The Iron Whim. Ithaca: Cornell University Press.

Whalley, Joyce Irene (1975). Writing Implements and Accessories. Detroit: Gale Research Company.

3. 학술 논문 · 학술지

David, Paul A. (1985). "Clio and the Economics of QWERTY." American Economic

Review, 75(2), 332–337.
Hubert, P. G. (1888). "The Typewriter; Its Growth and Uses." The North American Review, 146, 1–14.
Jasmin, Kyle & Casasanto, Daniel (2012). "The QWERTY Effect." Psychonomic Bulletin & Review, 19(3), 499-504.
Liebowitz, Stan J. & Margolis, Stephen E. (1990). "The Fable of the Keys." Journal of Law and Economics, 33(1), 1–25.
Norman, D. A. & Rumelhart, D. E. (1983). "Studies of Typing." In W. E. Cooper (Ed.), Cognitive Aspects of Skilled Typewriting, 45–65.
Lin, Yutang (1946). "Invention of a Chinese Typewriter." Asia & the Americas, 46, 58-61.
Williams, John R. (2010). "Lin Yutang and the Invention of the Chinese Typewriter." American Literature, 82(2), 389-419.

4. 전문지 · 수집가 저널 · 1차 사료

ETCetera. Magazine of the Early Typewriter Collectors Association.
Rehr, Darryl (1989). Antique Typewriters. Paducah, KY: Collector Books.
Rehr, Darryl (1989). "Enter… the Caligraph." ETCetera, 7, 4–7.
Rehr, Darryl (1998). "Voice-Activated Typewriter of 1916." ETCetera, April issue.
Lippman, Paul (1988). "The Edison Mimeograph Typewriter." ETCetera, 2, 4–5.
Neuert, Ed (2008). "The Early Days of the Noiseless Typewriter." ETCetera, 81, 6–9.
Sommerregger, G. (2014). "Mr. Eggis' Velographs." ETCetera, 104, 6–9.
The Electrical Experimenter (1916). April issue.

5. 온라인 아카이브 · 웹 자료

Polt, Richard. The Classic Typewriter Page. https://site.xavier.edu/polt/typewriters/

Office Museum. https://www.officemuseum.com/typewriters_index.htm

World Collectors Net. http://www.worldcollectorsnet.com

OzTypewriter. https://oztypewriter.blogspot.com

Fiddlebase. "Frister & Rossmann." https://www.fiddlebase.com/frister-rossmann/

Funding Universe. "Smith Corona Corporation History."
http://www.fundinguniverse.com/company-histories/smith-corona-corp-history/

타자기 박물지

: 타자기에 얽힌 잡다한 발달사

2025년 12월 25일 초판 1쇄 인쇄
2025년 12월 30일 초판 1쇄 발행

저 자 | **홍 성 철** • 지음

발 행 처 | 도서출판 에듀컨텐츠휴피아

발 행 인 | 李 相 烈

등록번호 | 제2017-000042호 (2002년 1월 9일 신고등록)

주 소 | 서울 광진구 자양로 28길 98, 동양빌딩

전 화 | (02) 443-6366

팩 스 | (02) 443-6376

e-mail | iknowledge@naver.com

web | http://cafe.naver.com/eduhuepia

만든사람들 | 기획 • **김수아** / 책임편집 • **이진훈 한수진 정민경 이채원 차연우**
디자인 • **유충현** / 영업 • **이순우**

ISBN 978-89-6356-531-6 (13550)

정 가 15,000원

본 저술은 방일영 문화재단의 저술 기금 지원을 받아 수행되었습니다.